Markus Vahlefeld

MAL EBEN KURZ DIE WELT RETTEN

Markus Vahlefeld

MAL EBEN KURZ DIE WELT RETTEN

Die Deutschen zwischen Größenwahn und Selbstverleugnung

Mit einem Vorwort von Henryk M. Broder

Aschenputtel Publishing
Postfach 19 04 50
50501 Köln

Herstellung:
epubli ein Service der neopubli GmbH, Berlin

Printed in Germany

Bibliografische Information der Deutschen National-bibliothek

Die Deutsche Nationalbibliothek verzeichnet diese Publikation in der Deutschen Nationalbibliografie; detaillierte bibliografische Daten sind im Internet über http://dnb.d-nb.de abrufbar.

VORWORT
HENRYK M. BRODER

Willkommen, Bienvenue, Welcome!
Im Cabaret an der Spree geht die Post ab

Man könnte den Inhalt dieses Buches in einem Satz des bayerischen Schriftstellers, Religionskritikers und Nervenarztes Oskar Panizza (1853-1921) zusammenfassen: „Der Wahnsinn, wenn er epidemisch wird, heißt Vernunft." Oder noch knapper: „Willkommen im Irrenhaus Deutschland!" Willkommen in einem Land, dessen kinderlose Kanzlerin von ihrem Volk „Mutti" gerufen wird. Willkommen in einem Land, in dem „Willkommenskultur" als Abschaffung der nationalen Souveränität praktiziert wird. Willkommen in einem Land, dessen Außenminister sich in Israel mit „Regierungskritikern" und „Vertretern der Zivilgesellschaft" trifft, der aber als Wirtschaftsminister nichts Vergleichbares unternommen hat, als er den Iran besuchte. Willkommen in einem Land, dessen Einwohner keine Deutschen, sondern nur noch „Europäer" sein wollen.

Willkommen in einem Land, das der ganzen Welt ein Vorbild sein will: bei der Müllentsorgung, beim Klimaschutz, bei der Energiewende, die bis 2050 vollendet sein soll, zugleich mit der Reform der gymnasialen Oberstufe. In dem eine Zwangsgebühr als „Demokratie-Abgabe", als „ein Beitrag für die Funktionsfähigkeit unseres Staatswesens und unserer Gesellschaft" deklariert wird. In dem allen Ernstes darüber debattiert wird, ob sich die Gesellschaft den Zuwanderern „öffnen" soll, oder die Zuwanderer die Regeln der Gesellschaft annehmen sollen. Willkommen! Herzlich willkommen! Und nochmal Willkommen, Bienvenue, Welcome! Im Cabaret an der Spree geht die Post ab.

Es gibt einige gute und sehr gute Texte über die geistig-moralische Wende, die von der Kanzlerin zum politischen Programm erhoben wurde. Dieser hier – ich meine das Buch von Markus Vahlefeld – ist der beste. Ich sage das mit einem leichten Anflug von Neid, denn ich habe mich ebenfalls mit dem Thema ausgiebig beschäftigt, wenn auch nicht so gründlich und so radikal wie Vahlefeld. Ich habe Phänomene beschrieben, um sie festzuhalten, damit sie nicht im Abgrund der Geschichte verschwinden, Vahlefeld nimmt sie auseinander, bis nur kleine Häufchen von Anmaßung, Elend und Ratlosigkeit übrig bleiben. Ich bin ein Chronist, Vahlefeld ist der Analytiker einer übersättigten, wohlstandsverwahrlosten Gesellschaft, die ihren eigenen Untergang herbeisehnt.

Er setzt damit die Arbeit von Eike Geisel (1945-1997) fort, der bereits kurz nach dem Fall der Mauer vor der „Wiedergutwerdung der Deutschen“ bzw. Deutschlands gewarnt hat. Inzwischen ist Deutschland „ökologischer, weiblicher, offener, föderaler“ und „weniger militärisch“ geworden (Bernd Ulrich, stellvertretender Chefredakteur der ZEIT), als es je ein Land, eine Gesellschaft in der Geschichte der Menschheit war. Wir sind, sagt Ulrich, „ein besseres Volk“ geworden, und das „ist doch etwas Großartiges“. Ein „Lummerland“, wie in einem Märchen von Michael Ende, das sich aber nur dem erschließt, der das „Tal der Dämmerung“ unter Schmerzen durchquert hat.

Und der „Scheinriese“, der mit zunehmender Entfernung immer größer und mächtiger wird, ist die Vergangenheit. Es handelt sich nicht nur um ein seltsames Phänomen, das allen Regeln der Optik und der Physik widerspricht, sondern um eine Wahrnehmungsstörung, die so weit verbreitet ist, dass sie nicht mehr als Störung empfunden wird. In einer Gesellschaft von Hysterikern würden nur die Nicht-Hysteriker aus der Reihe fallen. Um es mit Johannes Gross (1932-1999) zu sagen: „Je länger das Dritte Reich tot ist, umso stärker wird der Widerstand gegen Hitler und die Seinen." Aber auch das Interesse für den Führer, seine Frauen, seine Generäle, seine Krankheiten, seine Hobbies, seine Tierliebe, seine Unterhosen samt Inhalt, seine Ess- und Schlafgewohnheiten, seine Homo- oder überhaupt Sexualität, seine Postkarten und seine Kammerdiener.

Während das Langzeitgedächtnis der Deutschen immer besser funktioniert und die Enkel sich an Ereignisse erinnern können, die den Großeltern entfallen waren, lässt das Kurzzeitgedächtnis immer weiter nach. Ich staune immer wieder, was die „hart arbeitenden Menschen", an die sich die Politiker aller Parteien wenden, den Politikern so alles durchgehen lassen, als gäbe es kein Internet und kein Google.

Martin Schulz, zum Beispiel, der große Hoffnungsträger der SPD, hat noch im Mai 2016 in einem Interview mit der Welt gesagt: „Mein Platz ist in Brüssel." Seine Agenda sei „so voll", dass er keine Zeit habe, über seine Zukunft nachzudenken. Dabei hat Schulz während seiner fünf Jahre als Präsident des Europaparlaments nichts anderes getan, als sich selbst zu protegieren.

Erst wollte er seinen besten Freund Jean-Claude Juncker beerben und Präsident der EU-Kommission werden, und als das nicht geklappt hat, setzte er Himmel und Hölle in Bewegung, um wenigstens Präsident des Europaparlaments bleiben zu können. Erst als klar wurde, dass ihm das Parlament die Gefolgschaft verweigern würde, beschloss Schulz, Kanzler der Bundesrepublik Deutschland zu werden. Einfach nach

Würselen zurück zu gehen und jeden Tag im „Aquana"-Spaßbad ein paar Runden zu drehen, kam für ihn nicht in Frage. Das ist menschlich verständlich; ich wundere mich nur, dass er darauf nicht angesprochen wird. Schulz' Durchmarsch an die Spitze der Partei muss etwas mit der extrem dünnen Personaldecke der SPD zu tun haben, die auch ein scheues Reh wie Katarina Barley und einen Grobian wie Ralf Stegner in Spitzenpositionen befördert hat.

Schulz wird nicht zum Kanzler gewählt werden. Darauf wette ich meine 1001 Schneekugeln. Das hat weniger mit seinen Führungsqualitäten zu tun als mit einem „Missverständnis", das Vahlefeld so beschreibt: „Ganz offenkundig weigern sich die Deutschen nicht, einem Führer zu folgen, sondern sie haben nur Angst, dass es nochmal der falsche sein könnte."

Angela Merkel hat sich als die Richtige erwiesen. Innen borstig, außen flauschig. Und jederzeit bereit, das Gegenteil von dem zu tun, was sie gestern gesagt hat.

Ende August 2015 verkündete die Kanzlerin, die „Bewältigung des Flüchtlingsproblems" sei „eine nationale Aufgabe, die jeden angeht", bzw. „eine große, nationale Herausforderung", an der „jeder seinen Anteil" übernehmen müsse. Ende April 2017 beriet die Kanzlerin mit den Ministerpräsidenten der Länder, wie die Abschiebung abgelehnter Asylbewerber effizienter gestaltet werden könnte, u.a. durch den Einsatz von freiwilligen Helfern. Dafür sei eine „nationale Kraftanstrengung" vonnöten. Wie schnell sich doch die nationalen Prioritäten ändern. Früher war es die „Endlösung", der die „Wiedergutmachung" folgte. Gestern hieß es „Refugees welcome!", heute „Refugees go home!" Ich finde, statt Beamte des mittleren und des gehobenen Dienstes zu requirieren, könnte man die vielen

Jubler dienstverpflichten, die die Flüchtlinge bei ihrer Ankunft begrüßt haben.

Angela Merkel, schreibt Vahlefeld, habe „die Entpolitisierung der Politik" vorangetrieben, mit dem Ergebnis, dass sich „Politik in salbungsvollen Kitsch" verwandelt habe. Das ist noch vornehm ausgedrückt. Sie hat die Politik infantilisiert, mit Sätzen wie: „Wenn wir jetzt anfangen, uns noch entschuldigen zu müssen dafür, dass wir in Notsituationen ein freundliches Gesicht zeigen, dann ist das nicht mein Land."

Ein freundliches Gesicht zu zeigen ist alles, das man leisten muss, um in der Gemeinschaft der Guten einen Platz zugewiesen zu bekommen. Oder einfach nur „Gesicht zeigen".

Ich bin vor kurzem beim Zappen in einer Sendung auf Phoenix hängengeblieben. Es ging um das Thema „Medien zwischen Gefühl und Fakten. Wie viel Wahrheit vertragen wir?" Im Laufe des von Peter Hahne moderierten Gesprächs zwischen Norbert Bolz und Uwe-Karsten Heye kam die Rede auch auf die Kölner Silvesternacht. Dabei sagte Heye folgende Sätze: „Naja, in Köln. Ich habe lange in Mainz gelebt, und wenn die drei oder vier tollen Tage oder fünf tollen Tage sind, dann sind sozusagen sexuelle Übergriffe etwas, das irgendwie dazugehört, ohne dass man sich... Und wenn dann außerdem noch dort junge Leute stehen, die weder die Sprache beherrschen, um die es geht, die weder die Kenntnis haben, in welche Art von kultureller Haltung kann ich mich hier begeben, ohne dass ich in eine schwierige Situation komme, also fremd unter Fremden zu sein, und wir über Jahre den Eindruck erweckt haben, als ob alle, die zu uns kommen, auch wieder gehen werden, ja, Gastarbeiter kommen und gehen, aber dass Menschen gekommen sind, hat lange gebraucht und braucht immer noch lange, darüber nachzudenken, was das bedeutet…"

Worauf Norbert Bolz erwiderte: „Ich habe es noch nie erlebt, dass man die Silvesternacht in Köln derart genial bagatellisiert hat, wie Sie es gerade gemacht haben."

Mir blieb kurz die Luft weg. Heye, ehemaliger Reden-schreiber von Willy Brandt, ehemaliger Leiter des Presse- und Informationsamtes der Bundesregierung und Regierungssprecher von Gerhard Schröder, ist Vorsitzender des Vereins „Gesicht Zeigen! Für ein weltoffenes Deutschland", den er im Jahre 2000 zusammen mit Paul Spiegel und Michel Friedman gegründet hatte. Die „Arbeitsweise" des Vereins wird auf Wikipedia so beschrieben: „Der Verein arbeitet in den Bereichen Aufklärungs- und Projektarbeit. Der Verein konzipiert und realisiert Projekte für die Einwanderungsgesellschaft, die Vorurteile abbauen und das demokratische Miteinander fördern…" Der Verein würde „Kampagnen für Zivilcourage" initiieren, „die auch von zahlreichen Prominenten unterstützt werden".

Ich wollte es genauer wissen und schaute mir die Liste der „prominenten Unterstützer" an. Es sind unter anderen: Iris Berben, Dunya Hayali, Maybritt Illner, Günter Jauch, Johannes B. Kerner, Sebastian Krumm-biegel, Udo Lindenberg, Doris Schröder-Köpf und Ulrich Wickert. Ich staunte nicht, ich wunderte mich nur über die Abwesenheit von Frank Plasberg, Claus Kleber und Claudia Roth.

Alles Menschen, die mehrmals am Tag mal eben kurz die Welt retten. Von diesen Menschen und dem Unheil, das sie anrichten, handelt dieses Buch.

Henryk M. Broder, Berlin im Mai 2017

EINFÜHRUNG

Wie einsam Deutschland inzwischen dasteht, machte ein Bildwitz deutlich, der zum Mitte März 2017 erfolgten Antrittsbesuch der deutschen Bundeskanzlerin beim US-Präsidenten Donald Trump die Runde in den sozialen Netzwerken machte. Oben ein Bild Angela Merkels, unten ein Bild Donald Trumps mit dem Satz: „Der Führer der freien Welt besucht Donald Trump“.

Damit waren die Verhältnisse, wie sie in Europa seit dem Zweiten Weltkrieg geherrscht haben, auf den Kopf gestellt. Die Aufgabe, die Deutschland niemals hätte beanspruchen dürfen, ist ihm unter Angela Merkel wie zufällig in den Schoß gefallen: der Hegemon einer auserwählten Völkergemeinschaft zu sein, die sich als frei, liberal und friedliebend definiert, während die bisherige Schutzmacht des freien Westens auf die Rolle eines Vasallen geschrumpft ist.

Dabei ist Angela Merkel zu einer Ritterin der allertraurigsten Gestalt geworden, die von Kanzleramtsminister Peter Altmaier als Sancho Panza begleitet wird. In den 12 Jahren Kanzlerschaft Merkels ist wirklich alles, auf dem die letzten Jahrzehnte Frieden und Ordnung ruhten, weggebrochen. Im Osten wird Europa inzwischen von einem machthungrigen Wladimir Putin bedroht, der Russland wieder zu einer eurasischen Großmacht von Wladiwostok bis Paris aufbauen will und vor Kriegen und Destabilisierung der Nachbarländer nicht zurückschreckt. Im Süden verhindert eine in den islamischen Fanatismus abgleitende und immer autokratischer regierte Türkei die Ausdehnung derjenigen Werte, die für Europa bisher unverhandelbar schienen: Religionsfreiheit, Meinungsfreiheit und der Schutz des Individuums vor den Zumutungen staatlicher Repression. Und glaubt man den deutschen Leitmedien, so hat sich inzwischen auch im Westen mit Donald Trump ein despotischer

Antidemokrat installiert, der die Schwächung der EU vorantreibt.

Was wie eine Entwicklung erscheint, die über die EU und Europa hereingebrochen ist, hat jedoch sehr viel mit der Entwicklung eben dieser EU zu tun. Die Weigerung, den Schutz der Außengrenzen sicherzustellen, den islamischen Fanatismus wirksam zu bekämpfen und die Militärausgaben den veränderten Bedingungen anzupassen, hat zwar dazu geführt, dass die EU zu einer moralischen Supermacht werden konnte, sie aber als realpolitische Kraft zu einem Schwächling verkommen ist. Das Desaster um den Euro, das Abgleiten der europäischen Mittelmeerländer ins wirtschaftliche Abseits, der EU-Ausstieg der Briten und schließlich die Aufwertung Deutschlands als letzte übriggebliebene Hegemonialmacht der EU sind Entwicklungen, die nicht unbedingt politische Stabilität versprechen.

Und im Mittelpunkt dieser Entwicklung steht dieses kleine Durchgangsland in der Mitte Europas mit seiner Kanzlerin Angela Merkel. Das gegen alle diplomatischen Gepflogenheiten verstoßende Vorgehen der Bundesregierung, im US-Wahlkampf 2016 nicht einmal den Kontakt mit dem späteren Wahlsieger Donald Trump zu suchen, und sich stattdessen ausschließlich auf einen Wahlsieg Hillary Clintons zu kaprizieren, hat die Rolle sowohl Deutschlands als auch der EU auf der anderen Seite des Atlantiks nicht gerade gestärkt. Die Äußerungen, die Angela Merkel ihrem damaligen Außenminister und späteren Bundespräsidenten Frank-Walter Steinmeier erlaubt hatte – er weigerte sich, Donald Trump zum Wahlsieg zu gratulieren und nannte ihn einen „Hassprediger“ –, bleiben in den USA sicher unvergessen.

Auch die in Merkels Kanzlerschaft fallende Zurückstufung der Türkei von einem Beitrittskandidaten zu einem ***privilegierten Partnerland*** der EU und ihre im Zuge der „Flüchtlingskrise" dann hektisch erfolgte Zurücknahme mit anschließenden Milliardenzahlungen und der Aufwertung des Despoten Erdogan haben den für viele Partnerländer merkwürdigen Sonderweg, den Deutschland mit der eigenen Grenzöffnung eingeschlagen hatte, nicht gerade verständlicher erscheinen lassen. Im Gegenteil: Man darf davon ausgehen, dass die Hilflosigkeit, mit der Angela Merkel sich weigerte, die Souveränität des eigenen Landes zu verteidigen, der EU-Abstimmung in Großbritannien den entscheidenden Pendelschlag versetzt und das Votum für den Brexit entschieden hat. Noch nie stand Deutschland so einsam da wie unter Angela Merkel.

Vor allem die deutschen Leitmedien haben es sich zur Aufgabe gemacht, alle, die nicht mit dem gleichen „humanitären Imperativ" wie die deutsche Bundeskanzlerin kommen, zu den wahren Feinden der Demokratie zu erklären. Im Zuge der „Flüchtlingskrise" hat sich eine moralische Hochnäsigkeit herausgebildet, die man als neues deutsches Selbstwertgefühl bezeichnen könnte. Statt diplomatischer Zurückhaltung und Sachlichkeit ist in den Medien ein Ton eingezogen, den die politische Klasse nur zu gerne befeuert. Polen, Ungarn, Österreich, Großbritannien, die USA, die Türkei, Russland – überall sind die Entwicklungen „ganz bedenklich". Deutschland, so hat man den Eindruck, ist das letzte aufrechte Land dieses Erdenrunds, das die liberalen Werte noch zu verteidigen imstande ist. Der Hochmut, die Heuchelei und die Hybris, die dieses neue deutsche Selbstwertgefühl begleiten, sind das Grundrauschen hinter dem vorliegenden Essay.

Es gibt ein progressives Denken, das sich fortschrittlich und linksliberal nennt und das sich in den 1970er Jahren anschickte, den gesamten freien Westen zu kapern. Ob in der Politik, in den Medien oder in den Universitäten: Es herrscht eine Denkungsart vor, die in ihrer Einseitigkeit eine linke Blase geschaffen hat, die platzen zu lassen schmerzhaft aber notwendig erscheint. Was sich in Deutschland unter dem Begriff ***alternativlos*** entwickelt hat, ist ja nichts anderes als die Abschaffung eines sachlichen und vernünftigen Diskurses, der sich aus Politik wie auch Geistes- und Sozialwissenschaften verabschiedet hat. Alternativlosigkeit kann nur hergestellt werden, indem der argumentative Gegner aus dem Diskurs ausgeschlossen wird. Dazu wurde ein Bündel an Verbotsschildern aufgestellt, und wer dieses nicht anerkennt, muss mit moralischer Diskreditierung rechnen. Dieses Phänomen ist nicht auf Deutschland beschränkt, sondern hat sich aller freien Gesellschaften bemächtigt.

Während jedoch in den meisten anderen Gesellschaften des Westens inzwischen ein Rollback eingesetzt hat, ist dieser in Deutschland als verspäteter Nation noch unterentwickelt. Die Verbotsschilder, die in Deutschland aufgestellt wurden, sind wirkmächtiger als in vielen anderen Ländern, was mit dem Umgang der Deutschen mit ihrer Geschichte und einigen anderen Eigenarten der Deutschen zu tun hat. Dass das globale linke Denken in Deutschland mit der „Flüchtlingskrise" zu einer Politik geführt hat, zu der es dann keine Opposition mehr geben durfte, hat zwar zu der größten Krise Deutschlands nach 1945 geführt, gleichzeitig aber auch wie in einem Brennglas deutlich werden lassen, wie selbstzerstörerisch, autoritär und aggressiv dieses globale linke Denken sich gebärdet. Unter Angela Merkel ist Deutschland wie zu einem Laborversuch geworden, linkem Denken die Regierungsverantwortung zu übertragen. Und dieser Versuch ist fulminant gescheitert.

Dass die linke Blase platzt, wird allenthalben deutlich. Statt klare Analysen und stringente Handlungsvorschläge zu unterbreiten, hat sich über die Linken ein Mehltau aus Langeweile und Borniertheit gelegt. Statt mit stichhaltigen Argumenten kann nur noch die vermeintlich höhere Moral ins Feld geführt werden, die den politischen Gegner nicht zu widerlegen, sondern nur zu erniedrigen imstande ist. Nicht mehr Richtungsstreit wird als demokratische Tugend gesehen, sondern der Bekenntniszwang. Politische Heilsgewissheit, wirklichkeitsüberlegene Besserwisserei, penetranter Moralismus und eifernde Intoleranz sind die Ingredienzien, mit denen der Bekenntniszwang aufgekocht wird.

Das linke Denken hat das ausgleichende demokratische Prinzip des Yin und Yang so restlos verraten, dass es sich selbst nicht nur schwer beschädigt, sondern in die Sackgasse des politischen Kitsches manövriert hat. Das linke Denken braucht jedoch die falschen Sicherheiten, denen rechtes Denken gerne aufsitzt, um nicht im Orkus der falschen Unsicherheiten zu verschwinden. Dass die alten Kategorien von „Rechts" und von „Links" überholt sein sollen, kann ja nur behaupten, wer dem Ausschluss des rechten Denkens aus dem demokratischen Diskurs bereits auf den Leim gegangen ist.

Der Rollback der falschen Sicherheiten, wie wir ihn momentan erleben, ist ja auch eine Reaktion auf die Übertreibungen, mit denen das linke Denken sich als alternativlos gefeiert hat. Aber jeder guten Party folgt ein schmerzhafter Kater.

„Das ist der größte Vorwurf an die
Deutschen: Dass sie trotz ihrer Intelligenz und trotz ihres Mutes immer die Macht anhimmeln."

Winston Churchill

1
DER DEUTSCHE KOMPLEX

Die Widergutwerdung

Was war ab August 2015 nur in die Deutschen gefahren?

Dem britischen Politologen Prof. Anthony Glees kam es bereits Anfang September 2015 vor, als habe sich Deutschland in einen „Hippie-Staat, der nur von Gefühlen geleitet wird", verwandelt. Die Wahrnehmung, Deutschland gehe in der Flüchtlingskrise „undemokratisch" vor und halte sich nicht an EU-Regeln, habe, so Glees, in Großbritannien den Eindruck entstehen lassen, die Deutschen hätten Verstand und Hirn verloren. Sein abschließendes Urteil: „sehr unsympathisch". Und das war britisch höflich formuliert.*

Auf dem politischen und diplomatischen Parkett eher Kopfschütteln hervorzurufen, war vielen Deutschen und vor allem der deutschen Bundeskanzlerin Angela Merkel in dieser Zeit offensichtlich gleichgültig. Die wichtigsten Partner Deutschlands – in Europa Frankreich, in der Welt die USA – machten zwar gute Miene zum Spiel Merkels, aber niemand dachte auch nur im entferntesten daran, ihr gleichzuziehen. Zwar sicherte auch US-Präsident Barack Obama Angela Merkel „Unterstützung" in der Flüchtlingspolitik zu und lobte sie für ihren Mut, aber mehr als Bauchpinselei war dies nicht. Für das Jahr 2016 nahm sich Obama vor, immerhin 10.000 syrische Flüchtlinge in die USA einreisen zu lassen, während an den deutschen Grenzen geschätzte 1,5 Millionen Menschen, die den Flüchtlingsstatus begehrten, ankamen.

---

* Deutschlandfunk vom 8.9.2015

Die Begeisterungswelle so vieler Deutscher produzierte Willkommensbilder an den Bahnhöfen mit zumeist jungen deutschen Frauen, die den ankommenden, zumeist jungen arabischen Männern wie Popstars zuklatschten und Teddybären in die Menge warfen, bis die professionellen Helferorganisationen wegen eines Zuviels an Plüschtieren baten, von Spielsachen abzusehen und eher praktisch Notwendiges wie Kleidung und Schlafsäcke zur Verfügung zu stellen.

Dabei war es bisher deutsche Gepflogenheit, dass, immer wenn die Deutschen – wie z.B. bei Fußballweltmeisterschaften – von kollektiven Begeisterungswellen heimgesucht werden, die Linken sich als Mahner hervortun und vor Nationalismus und Chauvinismus warnen. Im August 2015 jedoch galt dieses Gesetz als aufgehoben. Vor allem von den Linken wurde diese kollektive Begeisterung, die so viele deutsche Seelen enthusiasmiert hatte, noch befeuert. Unvergessen die Aussage der Vorsitzenden der Bundestagsfraktion von Bündnis90/Die Grünen, Katrin Göring-Eckardt: „Wir kriegen jetzt plötzlich Menschen geschenkt.“*

Angela Merkel, die große Zauderin und Zögerin, die jedes ihrer Fernsehbilder akribisch zu planen und kontrollieren versucht und lieber im Vagen bleibt, solange sie nicht die Stimmungen im Volk und die Strömungen in den Medien ausgelotet zu haben meint, war bis dahin eher dadurch aufgefallen, dass sie um Flüchtlinge und Flüchtlingsheime einen großen Bogen machte. Als schließlich alle Medien, von den öffentlich-rechtlichen Sendeanstalten über BILD und DIE ZEIT bis hin zum SPIEGEL, sich zu Sprachrohren dieser Flüchtlings-

* 8.11.2015 bei der Aussprache zum EKD-Ratsbericht vor der Synode in Bremen

begeisterung gemacht hatten, wollte auch die instinktsichere Kanzlerin nicht weiter abseits stehen und setzte sich an die Spitze einer Bewegung, die keine parlamentarische Opposition im Bundestag mehr kannte. Von ganz links bis zur ehemals konservativen CDU hatte sich ein Parteienbündnis gebildet, das dem „Sommermärchen“ 2015 seine politische Legitimation versprach.

Egal wie laut Pegida in Dresden auch demonstriert und „Wir sind das Volk“ gerufen haben mag, die Tatsache, dass bis Silvester 2015 eine sehr erhebliche Zahl Deutscher der Politik blind vertraute und folgte, sollte nicht ignoriert werden. Und neben den Torheiten und dem politischen Kitsch, der in diesen Tagen produziert wurde, muss man anerkennen, dass sich die Deutschen durch die gigantische Aufgabe der Betreuung und Unterbringung von hunderttausenden Fremder nicht aus der Ruhe bringen ließen. Die Gemeindevorsteher, Bürgermeister und Kreisvorsitzenden im Verbund mit ihren tausenden Helfern mutierten im September 2015 zu den wahren Helden eines Deutschlands, das sich trotz Ausnahmezustands zumindest organisatorisch und menschlich um die Ankommenden vorbildlich zu kümmern versuchte. All die Helfer und Verantwortlichen auf unterer Ebene waren die Sonne, in deren moralischem Licht die Bundespolitiker badeten.

Die gutmeinenden Deutschen, so schien es, waren endlich bei sich selbst angekommen und wie befreit angesichts ihrer eigenen Willkommensleistungen. Dass eine Politik – jahrelang den Bürgerkrieg in Syrien und die syrischen Flüchtlinge in türkischen Flüchtlingslagern sträflich ignorierend – diese Zustände, die eine deutsche Helferleistung erst notwendig machten, sehenden Auges herbeigeführt hatte, ohne sich jedoch bis heute dafür je verantworten zu müssen, mag ein Hinweis auf eine ***déformation psychologique*** der Deutschen sein, die man auch als Helfersyndrom bezeichnen kann.

Auf Wikipedia heißt es dazu: „Laut Modell hat ein vom Helfersyndrom Betroffener ein schwaches Selbstwertgefühl und ist auf seine Helferrolle fixiert; das Helfen bzw. Gebrauchtwerden-wollen wird zur Sucht. Dabei versucht er ein Ideal zu verkörpern, das er selbst bei seinen Eltern oder generell in seiner Kindheit vermisst hat. Seine Hilfsbereitschaft geht bis zur Selbstschädigung und Vernachlässigung von Familie und Partnerschaft; dabei übersieht oder unterschätzt er die Grenzen des Möglichen und ignoriert auch die Frage, ob seine Hilfe überhaupt erwünscht oder sinnvoll ist." Dass Menschen, die unter einem Helfersyndrom leiden, mit ihrem Handeln oftmals Krankheitszustände bei den von ihnen betreuten Personen willentlich herbeiführen, um ihnen mit noch mehr Hingabe helfen zu können, sei zumindest der Vollständigkeit halber angefügt.

Bereits in der zweiten Septemberwoche 2015 kabelten die Helfer und Verantwortlichen vor Ort an ihre Landeshauptstädte und nach Berlin, dass Kräfte und Mittel schwänden und das Limit erreicht sei. Die Bundespolitik entschied dennoch, die Grenzen offen zu lassen, und nahm damit die deutschen Sekundärtugenden, die sich durch Pünktlichkeit, Disziplin, Organisationstalent und Opferbereitschaft auszeichnen, in Geiselhaft, um Zustände zu prolongieren, die täglich unmenschlicher wurden. Der israelisch-amerikanische Autor Tuvia Tenenbom, der 2016 Flüchtlingsunterkünfte besuchte und über die Zustände eher schockiert war, fasste diese Organisationsleistung der Deutschen mit einem sehr bösen und dennoch treffenden Kommentar zusammen: „Das einzige, was an dieser ganzen Willkommenskultur-PR-Maschinerie wie geschmiert funktioniert, ist das, was auch im letzten Jahrhundert prima geklappt hat: die perfekte Organisation der Transporte."*

Siebzig Jahre nach Kriegsende haben die Deutschen wieder eine groß angelegte kollektive Begeisterung an den Tag gelegt. Und wieder haben sie die autoritäre Rückseite dieser Begeisterung ignoriert. Der kollektive Meinungsdruck, offene Grenzen toll finden zu müssen, wurde jeden Tag höher geschraubt, indem die Gegner der offenen Grenzen verächtlich gemacht und aus dem demokratischen Diskurs ausgeschlossen wurden. Im Inland wie auch im Ausland. Das erste Opfer kollektiver Besessenheit ist immer der Andersdenkende.

Ganz wie in Kriegszeiten erschien es dem politischen Establishment wichtiger, Geschlossenheit und moralische Überlegenheit zu präsentieren, als differierende Meinungen zuzulassen. Wenn es jedoch die Aufgabe einer repräsentativen Demokratie ist, den – wie es der Politikwissenschaftler Ernst Fraenkel formulierte – „empirisch vorfindbaren Volkswillen zu veredeln", dann hat das politische Establishment in Deutschland diese seine Hoheitsaufgabe sträflich vernachlässigt. Denn der empirisch vorfindbare Volkswille war ja ganz im Gegensatz zum doch recht einheitlichen Willen der Medienschaffenden nie so eindeutig, wie es das politische Establishment gerne gehabt hätte. Statt der Veredelung des Volkswillens, der sich in vielen empirisch vorfindbaren Wortmeldungen und Demonstrationen kundtat, wurde er ins Verächtliche gezogen. Kritiker der unkontrollierten Einwanderung sahen sich statt Argumenten mit moralischen Vorwürfen konfrontiert, die sie sofort ins

---

* Tuvia Tenenbom, Allein unter Flüchtlingen, Suhrkamp 2017

rechtsradikale Lager schoben, wenn nicht sogar als Faschisten oder Nazis verunglimpften.

Das Instrument der Nazifizierung des politischen Gegners wurde in der Tat das deutsche Phänomen des „Flüchtlingsmärchens" 2015 für jeden, der nicht in die Begeisterung mit einstimmte. Endlich konnten die Deutschen beweisen, dass sie den Nationalsozialismus restlos überwunden hatten, während die Andersmeinenden zu Wiedergängern von Goebbels und Himmler mutierten.

Um den pöbelnden Mob von links, der auf Anti-TTIP-Demonstrationen lebensgroße Guillotinen feilbot, wurde kein großes Aufhebens gemacht, während der rechte Mob, der auf einer Pegida-Demonstration einen armgroßen Galgen zusammengezimmert hatte, zum finalen Angriff auf die Demokratie hochgejazzt wurde. Das beliebteste Hobby der Gutmeinenden wurde die Verachtung für den politischen Gegner, der vom Wutbürger – ein Begriff, der bei den Protesten gegen Stuttgart21 einige Jahre vorher noch voll stiller Hochachtung für die politische Reife der Protestierenden benutzt wurde – kurzerhand zum dunkeldeutschen Pack[1)] erklärt wurde.

Und es gab vor allem im Osten Deutschlands verstörende Bilder von abgebrannten Häusern, die als Flüchtlingsunterkünfte hätten dienen sollen, von lautstark pöbelnden Bürgern und bedrohlichen Zusammenrottungen vor Bussen mit Flüchtlingen. Diesen Volkswillen veredeln zu wollen, wäre sicher ein hilfloses Unterfangen geworden. Die Fassungslosigkeit über die Regierungspolitik, die sich bis zum Hass steigerte, wurde jedoch zum Anlass genommen, jeden Gegner der Regierungspolitik mit diesen Unmenschlichkeiten zu assoziieren. Und die Saat der Spaltung ging allzu schnell auf.

Was jedoch am meisten überraschte, waren die Elogen, die von den seriösesten deutschen Journalisten auf die Bundeskanzlerin verfasst wurden. Zur „Kanzlerin der Herzen"* wurde sie ausgerufen, und im Bieterwettstreit um die wärmste und schönste Herzjesu-Überschrift titelte die Süddeutsche über die Kanzlerin „Ich habe aus meinem Herzen gesprochen"**. Zur neuen Lutherfigur wurde sie stilisiert, die dem urdeutschen Satz des „Hier steh ich nun, ich kann nicht anders" neues Leben einhauchte.***

Merkels eher schlichte Durchhalteparole vom „Wir schaffen das!" wurde für Georg Diez auf SPIEGEL ONLINE am 25. Oktober 2015 der „Anfang der Politik, der Grund, warum Zusammenleben möglich ist." Dieses Tröten ins pathetisch-überhöhende Horn, in dem Politik zu einem Glaubenssatz, zu einer Weihehandlung am Ideal verklärt wird, folgte der schlechtesten aller deutschen Traditionen, nämlich Politiker zu Erlöserfiguren hinbiegen zu müssen, um ihnen dann bedingungslos folgen zu können. Was Theodor W. Adorno den sehr deutschen ***Pathos des Absoluten*** nannte, führte 2015 zur Religionisierung der Politik. Zum „Merkeldankfest".

Es hatte etwas von ***Nordkorea***, als eine recht hochkarätig besetzte Abordnung von Kulturschaffenden am Weltfrauentag rote Rosen ins Kanzleramt trug, um sich bei Angela Merkel für ihr „Wir schaffen das" zu bedanken. Der vielleicht größte Unterschied zu nordkoreanischen Verhältnissen dabei: Im

---

* FAZ vom 8.10.2015

** Süddeutsche Zeitung vom 7.10.2015

*** Stephan Detjen im Deutschlandfunk 5.10.2015

Deutschland seit der großen Öffnung machten die Menschen es freiwillig.

Das Misstrauen gegen den Nationalstaat und jede Form des Patriotismus hatte im Deutschland des Jahres 2015 endlich und flächendeckend den Traum entstehen lassen, nicht mehr in einem begrenzten Nationalstaat oder einem Gebilde wie der EU – das sich aus Nationalstaaten zusammensetzt – leben zu müssen, sondern in einer „Welt jenseits der Zuordnungen“[2)], in einer irdischen Gemeinschaft mit allen Menschen dieser Erde, die man nun nur noch glücklich willkommen heißen durfte.

Die bis dato nur von linksextremen Splittergruppen zu hörenden Slogans „no borders“ und „kein Mensch ist illegal“ wurden unter einer CDU-Kanzlerin zur offiziellen Regierungspolitik. Denker wie Rüdiger Safranski, Jörg Baberowski oder Peter Sloterdijk, der sich mit dem Satz zitieren ließ: „Es gibt keine moralische Pflicht zur Selbstzerstörung“[*], fanden sich sehr schnell auf der falschen Seite der Macht, nämlich der rechtspopulistischen Macht, wieder. Denn die moralische Pflicht, wenn nicht zur Selbstzerstörung, dann zumindest zur begeisterten Selbstaufgabe, war das Gebot der Stunde. Es änderte sich erst mit den aufrüttelnden Silvesterereignissen 2015/16 in Köln und vielen anderen deutschen Städten. Zu offensichtlich war geworden, dass diese Pflicht zur Selbstaufgabe, dieser suizidale Hang der Deutschen, nicht nur symbolisch und als intellektuelle Provokation gemeint war, sondern wirklich Gefahr lief, Deutschland so grundlegend zu verändern, dass die alten Koordinaten von Rechtsfrieden, Sicherheitsgefühl, Sozialstaat und öffentlicher Lebenskultur wegzubrechen drohten. Die

* Cicero Februar 2016

ersten Opfer von gewalttätigen Umwälzungen sind immer die Frauen – und das ist nicht symbolisch gemeint.

Diskussionen über das Deutsche, das Deutschsein, deutsche Werte und deutsche Leitkultur waren seit den 70er Jahren in Deutschland nur schwer möglich und wurden regelmäßig von den Führern der linken Meinungselite in den Redaktionen, Universitäten und Parteien unterbunden. Man wolle, so hieß es, keiner positiven Besetzung eines neuen deutschen Patriotismus nachhelfen, denn deutscher Patriotismus verbiete sich spätestens seit Auschwitz. Die meist nur achselzuckenden liberalen Kräfte, die sich angewöhnt hatten, Indifferenz als Befreiung zu verkaufen, und die intellektuell und analytisch schwachen Konservativen in Deutschland ließen aus Angst, in die rechtslastige Ecke gestellt zu werden, ein fulminantes Vakuum entstehen. Dieses begannen nun die linken Ewigmorgigen mit Schaum vor dem Mund und wilder Aggression einzuhegen und alle, die sich noch trauten, Einlass zu begehren, als Ewiggestrige zu beschimpfen. Die positive Besetzung des Deutschseins wurde im öffentlichen Diskurs mit so vielen Stopp- und Verbotsschildern belegt, dass es für das politische und mediale Establishment das Geschmeidigste war, Deutschsein maximal als „Negation zum Nationalsozialismus" (s. nächstes Kapitel) zu definieren. Alles andere sei schon die Fratze eines neuen zerstörerischen Nationalismus.

Nun ist der Traum von der Überwindung der Nationalstaaten zur ***One World*** ein Traum, den weltweit die meisten Linken träumen, und er ist mitnichten ein deutsches Phänomen. Auch sind Selbsthass und Lust an der Anklage der weißen Kultur in linken Kreisen generell weit verbreitet. Da unterscheiden sich die populistische Linke in England, in Frankreich, in Deutschland und inzwischen auch in den USA nur marginal. Was den

Deutschen ihr Nazi-Feindbild, ist den Engländern und Franzosen ihr koloniales Erbe und den US-Amerikanern die Rassentrennung sowie der Umgang mit der indigenen Bevölkerung. Die Diskurse in den fortschrittlichen intellektuellen Kreisen des Westens ähneln sich auf frappierende Weise. Sie drehen sich um Schuld und Wiedergutmachung und die Gebote, die daraus erwachsen.

Donald Trump und Brexit waren dann sehr eindeutige Antworten der amerikanischen und der britischen Wähler auf diesen Selbstanklage-Fetisch der Linken, den immer mehr Menschen als Zerstörung der gewachsenen Kultur verstehen, um die Aufgabe der staatlichen Souveränität zugunsten eines identitätslosen Weltgebildes voranzutreiben. Donald Trumps „America First" war ja eine sehr deutliche Absage daran gewesen, dass Politiker statt nationale Interessen irgendwelche undurchsichtigen Weltinteressen zu vertreten hätten.

Es ist ja auch einer der nicht auflösbaren Widersprüche linken Denkens: das Aufreißen gewachsener Traditionen hilft vornehmlich, ein merkantiles Nützlichkeitsdenken zu installieren, das ebenfalls Traditionen nur als Störfaktor wahrnimmt. Die linke Vision von der One World spielt vor allem multinationalen Konzernen in die Hände und verpflichtet die Menschen darauf, sich in ein identitätsloses Effizienzheer einzugliedern, das weltweit nur noch den Maßstab der ausbeutbaren Bildung zu kennen scheint. Dass sich die Linken damit zu Bütteln des grenzenlosen Kapitals gemacht haben, ist ihnen viel zu spät aufgefallen, egal wie laut sie gegen Freihandelsabkommen wie TTIP auch demonstrierten.

Freiheit galt den Linken vornehmlich als Zerstörung des Gewachsenen, ohne sich die Mühe machen zu müssen, auszuformulieren, was an dessen Stelle denn nun zu treten habe. Das linke Projekt des weltumspannenden Humanismus ohne Grenzen, für den sich die westlichen Gesellschaften kulturell radikal verändern und finanziell ausplündern lassen müssen, ist von der Mehrheit der Menschen inzwischen gewogen und als erheblich zu leicht befunden worden. Den Rollback eines neuen, durchaus auch aggressiven rechten Konservativismus haben sich die Linken mit ihrer intellektuellen Arroganz und ihrer Schwäche, Konkretes aus ihren internationalistischen Träumen erwachsen zu lassen, selbst zuzuschreiben. Denn der Unterschied – und diese Erkenntnis ist den Redlichen unter den Linken nicht neu – zwischen Links- und Rechtspopulismus ist ja der, dass der Linkspopulismus nie populär war.

Und während alle mit Deutschland befreundeten Länder entweder über den Plan der großen Öffnung – wie in Frankreich und Großbritannien – nur den Kopf schüttelten oder nach einer kurzen Periode des Offenheit-Überschwangs selbst – wie Österreich und Schweden – die Grenzen wieder dicht machten, hielt die merkwürdige Politik des Sonderweges in Deutschland an und entwickelte eine Sog- und Saugwirkung für Millionen von Menschen, die Europa nun zu zerreißen drohte. Noch im März 2016, als die Visegrád-Staaten und Österreich die Balkanroute mithilfe von Grenzanlagen zwischen Mazedonien und Griechenland schlossen, schimpfte die deutsche Bundeskanzlerin wie ein Rohrspatz über dieses mit Deutschland nicht abgestimmte Vorgehen. Den anderen Ländern freilich war es inzwischen egal geworden, welche Merkwürdigkeiten sich Berlin ausdachte, und sie hatten den Entschluss gefasst, ein taumelndes Deutschland vor sich selbst schützen zu müssen.

Die Maus, die der Elefant Deutschland nunmehr gebar, war ein Flüchtlingsabkommen mit der Türkei, das wohl zum größten und augenfälligsten Scheitern Angela Merkels geworden ist. Mitten im türkischen Wahlkampf machte die deutsche Bundeskanzlerin dem türkischen Herrscher Recep Tayyip Erdogan – dessen Pläne, sich zum Autokraten zu ernennen, schon längst bekannt waren – die Aufwartung und half ihm so bei der Wiederwahl – allein das schon ein nach internationalen Gepflogenheiten mehr als außergewöhnliches Vorgehen. Weder die fundamentalistisch-islamische Herrschaft in der Türkei noch die Entwicklung hin zu einem autokratischen Despotismus konnten Angela Merkel davon abhalten, einen „Flüchtlingspakt“ abzuschließen, der die Türkei zum Türsteher Europas machen sollte und Europa in eine Abhängigkeit zu einem Land gebracht hätte, das eben genau die Werte, die für Europa doch so unverhandelbar sein sollen, sprichwörtlich mit Füßen tritt. Glücklicherweise hatte sich der Rest Europas mit der Sicherung der griechisch-mazedonischen Grenze bereits aus der Abhängigkeit zur Türkei befreit.

Realpolitisch war das Abkommen, das die EU abzuschließen vorgab, die deutsche Bundeskanzlerin jedoch im Alleingang aushandelte, von Beginn an weitestgehend nutzlos. Der größte Wert des Flüchtlingspakts mit der Türkei bestand darin, das Scheitern Angela Merkels zu kaschieren, ihren drohenden Gesichtsverlust abzuwenden und ihren Machterhalt zu sichern. Die Konsequenzen, die ein Flüchtlingspakt mit voller Abhängigkeit der EU von der Türkei ohne Grenzsicherung in Mazedonien gezeitigt hätte, kann man sich vor dem Hintergrund der Attacken Erdogans, die er im Zuge seines Wahlkampfes 2017 für ein despotisches Präsidialsystem auf Europa ritt, nur ausmalen. Die Aufwiegelung der Millionen wahlberechtigter Türken in den verschiedenen Ländern der EU, die Einmischung in die inneren Angelegenheiten scheinbar befreundeter Länder und die unsäglichen Beleidigungen und Nazi-Beschimpfungen lassen erahnen, wie die Türkei unter Erdogan ihre Macht und ihren Einfluss ausspielen würde, hätte sich die EU – wie von Angela Merkel gewünscht – der Türkei in der Flüchtlingsfrage ausgeliefert.

Die Heuchelei, die das politische Handeln Angela Merkels begleitete, lässt sich am besten mit dem Bau von schwer gesicherten Grenzanlagen an der syrisch-türkischen Grenze verdeutlichen, den Deutschland und die EU finanzieren und die Türken ausführen. Das also, was Frau Merkel den Deutschen als Unmöglichkeit verkaufte, wurde den Türken im Zuge des „Flüchtlingspakts" als Aufgabe auferlegt: eine hübsche Grenze.

Wenn es für dieses Europa, das nicht müde wird, seine Werte als wichtigsten Kern von Frieden und Wohlstand anzupreisen, je eine Moral gegeben hat, dann die, sich mit Geld von unliebsamen Entscheidungen freizukaufen. Die Drecksarbeit überlässt man anderen, um sich umso dreister im moralischen Licht sonnen zu können. Selten waren die Beschwörungen, Europa sei eine Wertegemeinschaft, hohler als unter Angela Merkel, die auch beim „Flüchtlingspakt" wieder ihre Unlust an demokratischer Entscheidungsfindung unter Beweis stellte, indem sie das Abkommen ohne parlamentarische Konsultation oder Debatte im Bundestag im Alleingang durchdrückte.

Nun kann man den Flüchtlingspakt mit der Türkei als klassischen Fall von Realpolitik deuten: So ist sie halt, die schmutzige Weltpolitik. Dann muss aber die Frage erlaubt sein, warum eine deutsche Bundeskanzlerin dem eigenen Volk eine moralische Idealpolitik („humanitärer Imperativ"*) vorgaukelt, die Unbillen der Realpolitik dann aber auf andere abwälzt. Neben den Kosten für die unkontrollierte Einwanderung, die für die nächsten fünf Jahre auf 200 Milliarden Euro geschätzt werden[3)], und der Aushöhlung des gesellschaftlichen Sozialkapitals im Zuge von Millionen archaisch sozialisierter Fremder bedeutet es ja nichts anderes, als dass Frau Dr. Merkel ihre deutschen Wähler auf das beleidigende Niveau von infantilen Naivlingen und moralischen Blindgängern herabwürdigt.

Eine Moral, die nur noch auf Außenwirkung und Machterhalt bedacht ist, zieht alles in den Abgrund der Heuchelei, was an moralischer Werthaltigkeit je aufgebaut wurde. Dabei ist es natürlich eine Grundsatzfrage, ob Politik überhaupt mit Moral und humanitären Imperativen aufgepumpt werden muss, oder ob es nicht redlicher und damit für die Moral dienlicher wäre, Politik als Interessensdiskurs zu begreifen. Dann wiederum ist der Flüchtlingspakt mit der Türkei ein Instrument, das die Interessen Deutschlands und Europas am schlechtesten zu wahren imstande ist. Denn Deutschland und Europa dem willkürlichen Gebaren eines islamistischen Herrschers auszuliefern, der von einer rassisch-religiösen Ideologie beseelt ist, und der Menschen verschwinden, Journalisten einkerkern und Krieg gegen die eigene Bevölkerung führen lässt, ist so unumstößlich nicht im Interesse der freien Welt, dass man hier nur von einer vollumfänglichen lose-lose situation sprechen kann.

Es waren vor allem die osteuropäischen Länder, die Angela Merkels Strategie, alle anderen EU-Länder auf diesen merkwürdig deutschen humanitären Imperativ zu verpflichten, mit dem Vorwurf des „moralischen Imperialismus" konterten. Und ganz von der Hand zu weisen ist dieser Vorwurf nicht.

---

* Angela Merkel auf dem CDU-Bundesparteitag am 14.12.2015

Ein für europäische Verhältnisse einmaliger Vorgang wurde auf Druck von Deutschland im September 2015 in Gang gesetzt: Die Menschen, die im Zuge der offenen Grenzen nach Deutschland geströmt waren, sollten nun nach einem festen Schlüssel auf die gesamte EU verteilt werden. Um das zu gewährleisten, wurde in dieser so aufgeladenen und für viele Länder als bedrohlich wahrgenommenen Situation das EU-Prinzip der Einmütigkeit aufgehoben und durch den Mehrheitsbeschluss ersetzt. Die widerständigen Länder wurden in der Flüchtlingsfrage schlicht überstimmt. Die Option des Mehrheitsbeschlusses ist zwar in den Europäischen Verträgen angelegt, wurde aber in wichtigen Fragen noch nie gezogen. Dass dieser Mehrheitsbeschluss auf Druck Angela Merkels schließlich erfolgte, mag sie als Sieg empfunden haben. Von den ablehnenden Ländern wurde er als „moralischer Imperialismus“ verstanden. Trocken kommentiert WELT-Korrespondent Robin Alexander in seinem ausgezeichneten Buch ***Die Getriebenen***: „Aber von diesem Sieg wird sich die europäische Flüchtlingspolitik nie mehr erholen.“*

Die Achse, die diese Entscheidung durchsetzte, bestand aus dem Präsidenten des Europäischen Rates, Donald Tusk, dem Präsidenten der Europäischen Kommission, Jean-Claude Juncker, und der deutschen Bundeskanzlerin Angela Merkel. Diese Achse hat ein Misstrauen gegen die undurchsichtigen Entscheidungsabläufe der EU genährt, was sich in den kommenden Jahren noch als Bumerang für die EU herausstellen dürfte. Die Achse Tusk/Juncker/Merkel steht seitdem für die Abschaffung der nationalen Souveränität, was den rechten Parteien außerhalb Deutschlands, die die deutsche

---

* Siedler 2017, Seite 99

Übermacht immer schon mit allergrößter Skepsis verfolgten, in die Hände spielt. Was ihr CDU-Vorgänger Helmut Kohl, der Deutschland als Mittelmacht und unfreiwilligen Hegemon begriff, der vor allem nach der unseligen Geschichte stets um Ausgleich bemüht sein müsse, in Europa aufbaute, haut Angela Merkel mit Kaltschnäuzigkeit zu Scherben. Die wiederum ist die Kehrseite dieses humanitären Imperativs, der sein Pathos nur mit autoritärer Gebärde durchzusetzen imstande ist.

Der moralische Hochmut und das herrische Auftreten in den EU-Organen hat dazu geführt, dass es nicht nur außenpolitisch einsam um Deutschland geworden ist, sondern dass gegen ehemals befreundete Partnerländer, die sich gegen diese Art der moralischen Hochnäsigkeit als renitent erwiesen haben, inzwischen Medienkampagnen gefahren werden, die diese Länder zu Unrechtsregimes erklären. Die Willfährigkeit der deutschen Medien, sich von der Politik Angela Merkels instrumentalisieren zu lassen, ist dabei ein alarmierendes Zeichen. Hier zeigt sich deutlich die Fratze eines neuen deutschen Selbstwertgefühls, das sich selbst mit überlegener moralischer Geste inszeniert, um andere Länder erniedrigen zu können.

Wenn es nach den wichtigsten deutschen Medien ginge, würden die Polen inzwischen von Faschisten regiert, in Ungarn wäre ein Nazi an der Macht, die tumben Engländer wären von europafeindlichen Populisten einfach übertölpelt worden und in den USA wäre mit Donald Trump ohnehin „das Ende der Welt" besiegelt.* Sollten in Holland die Rechten unter Geert Wilders an Einfluss gewinnen und in Frankreich Marine Le Pen ihre Macht weiter ausbauen, wären die deutschen Medien

* Titel SPIEGEL vom 12.11.2016

endlich am Ziel, dass es nur noch ein einziges Land auf dieser Erde mit aufrechter Moral und menschlichen Werten gäbe: Deutschland. An dessen Wesen soll bekanntlich die Welt genesen. Besser haben herrschende Meinung und die Meinung der Herrschenden nie harmoniert.

Statt moralisch abzurüsten und der Demokratie und dem Selbstbestimmungsrecht der Völker zuzutrauen, auch unliebsame Entscheidungen durchaus souverän und bewusst treffen zu können, werden immer mehr befreundete Länder zu Geisterfahrern erklärt, die nun Deutschland als letztem Land, das noch in die richtige Richtung fährt, mit aufgeblendeten Scheinwerfern entgegen kommen. Frau Merkel und ihr Kabinett fahren inzwischen nach Großbritannien und in die USA zum Warnen, zum Ermahnen und zum Auf-den-rechten-Weg-Zurückführen. Nur könnte es auch genau andersherum sein, denn gerade für den Geisterfahrer sind immer die Entgegenkommenden die, die in die falsche Richtung fahren.

Die Funktionsweise von politischem Machterhalt und Entscheidungsfindung hat der spätere EU-Kommissionspräsident Jean-Claude Juncker bereits 1999 sehr treffend beschrieben: „Wir beschließen etwas, stellen das dann in den Raum und warten einige Zeit ab, was passiert. Wenn es dann kein großes Geschrei gibt und keine Aufstände, weil die meisten gar nicht begreifen, was da beschlossen wurde, dann machen wir weiter – Schritt für Schritt, bis es kein Zurück mehr gibt."*

Die entscheidende volatile Größe bei dieser Beschreibung ist das, was Juncker das ***große Geschrei*** nennt. In Deutschland neigt eine satte 2/3-Mehrheit der Journalisten den linken

---

* SPIEGEL vom 27.12.1999

Parteien zu.[4] Das große Geschrei, das sie erheben, betrifft eben nur das, was sich innerhalb ihrer Blase als unliebsam darstellt. Über alles andere macht der linke Journalismus kein großes Geschrei, so dass bei den Herrschenden der Eindruck entstehen kann, dass – solange sie mit den Medien gut zusammenarbeiten – das Geschrei schon ausbleibt. Umso größer sind dann die Erschütterungen, wenn die Briten für den Brexit und die Amerikaner für Donald Trump stimmen. Denn das große Geschrei einer nicht unerheblichen Anzahl von Menschen findet schon lange nicht mehr in der abgedichteten Echokammer der klassischen Medien statt, sondern in den sozialen Netzwerken. Und die haben sich für die Politik als unbeherrschbar herausgestellt.

Ob es die Kölner Silvesterereignisse 2015/16 waren, die Vergewaltigung und der Mord an der Freiburgerin Maria L. oder die den Herrschenden unangenehme Lesart der Kriminalitätsstatistiken: Die etablierten Medien machen kein großes Geschrei mehr um derartige Petitessen. Zu gut funktioniert eine Verschleierungsdynamik, bei der die Journalisten mehr Wert auf die Beachtung der politisch korrekten Wortwahl legen, als dem Informationsbedürfnis ihrer Konsumenten Rechnung zu tragen. Niemand anderes als der deutsche Innenminister Thomas de Maizière brachte diese Verschleierungstaktik 2015 auf den Punkt: „Ein Teil dieser Antworten würde die Bevölkerung verunsichern"*. Nur haben es sich die Herrschenden schlicht zu gemütlich in dem Umstand eingerichtet, dass ausschließlich sie es sind, die darüber entscheiden dürfen, was die Bevölkerung denn nicht zu verunsichern habe. Diese

* Nach der Absage des Fußball-Länderspiels Deutschland gegen Holland wegen einer akuten Terrorwarnung am 17.11.2015

Art Betreuungsjournalismus ist in Zeiten der weltweiten Informationsvernetzung völlig überholt; und so konnte innerhalb von kürzester Zeit das Internet die Aufgabe übernehmen, die weiland in der DDR das ***Westfernsehen*** innehatte.

Dabei ist es eine durchaus typisch deutsche Tendenz, sich auch betreuen lassen zu wollen, der die politische Klasse natürlich nur zu gerne nachkommt – sichert es doch ihre eigenen Pfründe. Mit Forderungen nach mehr Freiheit, Abbau der Bürokratie und Stärkung des Individuums gewinnt man in Deutschland keine Wahlen. Um eine Volkspartei sein zu können, muss man vor allem Sicherheit, Gerechtigkeit und Steuererhöhungen versprechen. Das Denken im Kollektiv ist in Deutschland ein weit verbreiteter positiver Subtext, während das Individuum eher mit Egoismus assoziiert wird. Egoismus fördert den Streit, während nur das Kollektiv für Harmonie und Konsens sorgen kann. Der Schritt zur Konsensvollstreckung durch das Kollektiv am Individuum ist dann nur noch ein kleiner. Diese eigentümlich totalitäre Konsenssucht der Deutschen mit der Funktionsweise einer Demokratie verschmolzen zu haben, ist das Markenzeichen der Bundesrepublik Deutschland geworden.

Angela Merkel ist zum Symbol dieser deutschen Sehnsucht nach einer Konsensdemokratie ohne Streit und Diskurs geworden. Selten vorher wurde diese Sehnsucht so schamlos ausgenutzt wie unter ihr, indem alles, was hätte Streit bedeuten können, aus dem Diskurs entfernt wurde. Dass dabei auch alles, was wirtschaftspolitische Strukturreformmaßnahmen oder den Umgang mit der sich seit Jahren abzeichnenden Völkerwanderung betrifft, aus dem Diskurs verschwand, hat ja nicht Frau Merkel geschadet, sondern nur dem Land und seinen Debatten. Aber auch Angela Merkel als Symbol legt ja nur den

Blick frei auf eine Eigenart der Deutschen, die in der zivilisierten Welt dann doch eigentümlich einmalig ist. Denn demokratische Prozesse durch eine höhere Moral so zu überdehnen, dass einige Kritiker bereits von einem Primat der Moral über das Recht sprechen, hat Angela Merkel ja nicht nur in der Flüchtlingspolitik als Strategie angewendet, sondern auch bei der „Euro-Rettung“ und dem Atomausstieg. Und sie ist damit jedes Mal durchgekommen und sogar wiedergewählt worden.

Das im Euro-Vertrag festgeschriebene Gesetz, dass kein Staat für die Schulden eines anderen Staates haftet, wurde faktisch gebrochen, auch wenn die Rückzahlung griechischer Schulden am Sankt-Nimmerleinstag weiterhin vorgesehen ist. Auch bei der Energiewende und dem völlig überhasteten Ausstieg aus der Kernenergie hat es Frau Merkel mit deutschem Recht, das sie selbst noch einige Monate vorher zugunsten der Verlängerung der KKW-Laufzeiten geändert hatte, nicht ganz so ernst genommen, was ihr zwar inzwischen mit einem Bundesverfassungsgerichtsurteil zu Entschädigungszahlungen an die Energiekonzerne auf die Füße gefallen ist, ihr aber in der Beliebtheit bei der Bevölkerung gleichzeitig nie geschadet hat – und das trotz einer Energiewende, die sich immer mehr als sinnloses Milliardengrab entpuppt und die Strompreise zu den höchsten in der Eurozone gemacht hat. Tendenz: weiter steigend. Und immer hat Angela Merkel fulminante Alleingänge und Kehrtwenden, die man auch Selbstermächtigungen nennen könnte, hingelegt und versucht, den Bundestag bei diesen Entscheidungen auszuhebeln.

Bei der wohl am weitesten reichenden Entscheidung seit der deutschen Wiedervereinigung, nämlich der zur großen Öffnung, ist Angela Merkel diese Aushebelung des deutschen Parlaments schließlich gelungen. Ohne Debatte, ohne Grundsatzbeschluss, ohne demokratischen Diskurs. Der Konsens, der alle Parteien im deutschen Bundestag ereilt hatte, führte dazu, dass es bis heute keine parlamentarische Abstimmung über den Umgang mit dem Problem der Völkerwanderung gegeben hat. Und das Problem ist ja noch lange nicht vorbei.

Der Blick in den Abgrund

Das Verständnis der Deutschen für die Demokratie kann sich als großes Missverständnis entpuppen. Denn ganz offenkundig weigern sich die Deutschen nicht, einem Führer zu folgen, sondern sie haben nur Angst, dass es nochmal der falsche sein könnte. Aber Demokratie ist zuvorderst ein Rechtssystem, das Religions-, Meinungs- und Wahlfreiheit garantiert, Rechtsstaatlichkeit durch Gewaltenteilung herstellt und mit einem obersten Gericht ein recht weises Organ hat, die Herrschenden zu mäßigen und sie auf die bestehenden Gesetze zu verpflichten. Das moralische Pathos, selbst irgendein „liberaler" Geist ist in einer Demokratie nicht zwingend vorgesehen. Und irgendeine Moral über das Recht zu stellen, noch weniger, selbst wenn der Führer noch so weise ist.

Blickt man auf die USA und die ersten Wochen der Präsidentschaft Donald Trumps, dann kann man recht deutlich den Unterschied zwischen dem deutschen und dem amerikanischen Demokratieverständnis sehen. Donald Trump fühlte sich bemüßigt, als eine der ersten Amtshandlungen die Verschärfung des Einwanderungsgesetzes vorzunehmen. In den Medien wurde es schlicht „Muslim Ban" genannt, und dieser hatte grobe handwerkliche Fehler. Bundesrichter hoben es schließlich als nicht im Einklang mit der US-Verfassung stehend auf. Es ist die große Stärke der US-Amerikaner, diese checks & balances zu haben und auch anzuwenden, egal wie laut der US-Präsident dann auch zetern mag.

Als es in Deutschland zur großen Öffnung kam, ließ auch die CSU eine Beurteilung durch einen ehemaligen Verfassungsrichter erstellen und „drohte“ mit dem Gang vor das Bundesverfassungsgericht. In Deutschland – soviel lässt sich resümieren – wird die Einforderung der checks & balances als Drohung ins Spiel gebracht, statt als urdemokratische Gepflogenheit. Die Konsenskultur, die in Deutschland immer noch mehr zu zählen scheint als der demokratische Streit, entpuppt sich eben als wundersame Waffe der Herrschenden, um einsame Entscheidungen unbesorgt vollenden zu können. Aber, und das ist die Absurdität dieses neuen deutschen Selbstwertgefühls, es soll Donald Trump gewesen sein, der das Ende der Demokratie und überhaupt das „Ende der Welt“ einläutete. Realitätssinn war noch nie eine ausgeprägte deutsche Tugend.

Dabei war es doch vor allem die Linke, die mit dem bundesrepublikanischen Konsens brach und den Streit und die Provokation in die Demokratie einbrachte. Widerstand gegen die Herrschenden wurde zum erklärten ersten Ziel, um die Verhältnisse, unter denen man litt, verändern zu können. Vor allem das homogene Kollektiv rief bei den Apologeten der Studentenbewegung das größte Unbehagen hervor. Mit dem September 2015 jedoch wurde endlich wahr, was Kaiser Wilhelm II so gerne gekannt hätte: keine Parteien mehr, sondern nur noch Deutsche. Und die Linke skandierte mit Entzücken.

Angela Merkel wird oft vorgeworfen, die CDU sozialdemokratisiert zu haben. Doch ist das eine Beleidigung der Sozialdemokraten. Vergleicht man den letzten SPD-Kanzler mit Merkel, so fällt auf, dass Gerhard Schröder eine Agenda hatte und sie verfolgte, bis sie durchgesetzt war und dafür sogar seine Abwahl in Kauf nahm. Die Strategie Merkels dagegen ist vollkommen agendalos. Sie wartet ab, was die Medien an Stimmung transportieren, bevor sie im letzten Moment dann eine Entscheidung fällt. Oftmals sind das dann Kehrtwenden, als hätte sich Angela Merkel vom Saulus zum Paulus gewandelt, freilich ohne dass es einen gesellschaftlichen Diskurs darüber gegeben hätte. Die CDU ist also nicht sozialdemokratisiert, sondern hat sich unter Merkel schlicht entpolitisieren lassen.

Die Entpolitisierung der Politik, die Angela Merkel zum Ziel der asymmetrischen Wählermobilisierung vorangetrieben hatte, und die schließlich dazu führte, dass sich Politik in salbungsvollen Kitsch verwandelte, rächt sich inzwischen an den etablierten politischen Parteien. Denn die Entpolitisierung der Politik ist vergleichbar dem kurzfristigen share-holder-value bei Aktiengesellschaften: Man kann mit ihm wiedergewählt werden, aber man läuft Gefahr, die langfristigen Strategien und nachhaltigen Entwicklungen einer Gesellschaft auszuhöhlen und das Tafelsilber zu verkloppen. Dass sich eine konservative Partei um des kurzfristigen share-holder-value willen geschlossen um ihren Markenkern bringen lässt, ist ein mehr als Besorgnis erregendes Menetekel des deutschen Konservativismus.

Bis dato gehörte es zum unverhandelbaren Markenkern der CDU/CSU, dass es „rechts von der Union keine demokratisch legitimierte Gruppierung von politischer Relevanz geben“ dürfe (Franz Josef Strauß). Die Strategie der Union war daher immer, die rechten Parteien zu bekämpfen und gleichzeitig ihren Forderungen, mit denen sie Wähler anzogen, nachzukommen. So wurde die Attraktivität rechter Parteien ausgetrocknet und die Demokratie stabilisiert. Damit brach Frau Dr. Merkel genauso, wie sie mit vielem anderen in der Union brach: mit der Wehrpflicht, mit der Kernenergie, mit dem traditionellen Familienbild. Rückblickend reiht sich die CDU unter Merkel in das identitätslose Potpourri der linksliberalen Parteien ein, deren Traum schon immer war, Deutschland zu einem pazifistischen, ökologischen und multikulturellen Land umzubauen.

Der deutsche Konservativismus wird inzwischen besser von einer Partei wie der AfD repräsentiert, mit dem Unterschied, dass diese nur wenig Berührungsängste mit den Kräften ganz weit rechts hinter dem Rand der Demokratie hat. Die Zukunft wird zeigen, ob die AfD der CDU Angela Merkels weit mehr Schaden zufügen kann als die Abspaltung der Linkspartei der SPD. Denn nochmals: Der Unterschied zwischen dem Linkspopulismus und dem Rechtspopulismus in Deutschland ist, dass der Linkspopulismus nie wirklich populär war. Und der demokratischen Stabilität in Deutschland hat Frau Merkel mit der Inkaufnahme einer Partei rechts der Union ganz sicher einen Bärendienst erwiesen.

Wenn man die Reden der früheren Wortführer der Studentenproteste der 1960er Jahre heute nachliest oder -hört, stellt man fest, dass viele der Parolen von damals heute fast wortgleich von den sogenannten Rechten vorgetragen werden. Ob es die der Lügenpresse, der Systemmedien oder des Volkes, das belogen wird, ist: Die Revolution in Deutschland kommt immer mit einem Zuviel an Pathos und Hass daher. Den 68ern ging es um das Aufbrechen des Systems, um sexuelle Freiheit und die Entlarvung der latenten Naziideologie der Deutschen. Den heutigen Rechten geht es ebenfalls um das Aufbrechen des Systems, aber diesmal mit dem Ziel, die linksliberale grüne Ideologie zu entzaubern und statt der absoluten sexuellen Freiheit wieder die Werte von Familie und Zusammenhalt zu stärken. Beide – die neuen Rechten wie die alten Linken – treten bzw. traten dafür ein, die durch das System sklerotisierte Demokratie wieder den Menschen zurückzugeben. Eines der Hauptanliegen der Grünen in den 70er und 80er Jahren des letzten Jahrhunderts waren Volksentscheide und der Kampf um die direkte Demokratie á la Joseph Beuys. Heute wollen die Grünen davon nichts mehr wissen; zu tief sind sie bereits im System angekommen. Die Geste des Systembrechenden und Revolutionären, die die neuen Rechten an den Tag legen, erinnert doch sehr stark an das Pathos der 1968er, und der heutige linke Abwehrreflex erscheint merkwürdig geschichtsvergessen.

Die Kritiker der Elche waren früher selber welche: Auf einmal legen die heutigen Linken die gleichen Reaktionen an den Tag, wie diejenigen, die sie damals selbst so gerne provozierten. Sie benehmen sich wie verstockte Damen im fortgerückten Alter, denen vor Schreck die Teetasse aus der Hand fällt, wenn jemand in ihrer Gegenwart ein unanständiges Wort benutzt. Statt ***Revolution*** und ***Che Guevara*** sind die heutigen Aufreger ***Volk*** und ***Identität***, bei denen die Linken ins Hyperventilieren geraten. In ihrer gegenderten Latte-Macchiato-Welt nicht gestört und in ihrer Weltanschauung nicht beleidigt zu werden, ist dann das letzte Argumentationsaufgebot, das die Linken noch auffahren können. Statt Debatten zu führen und sie gewinnen zu wollen, sollen sie verhindert oder besser noch: staatlicherseits verboten werden.

Und sicherlich meinen es die Linken nur gut und im Sinne der Demokratie, wenn sie sich zu Menschenketten vor AfD-Wahlständen versammeln, damit Interessierte nicht an Informationen dieser neuen Partei gelangen können. Da man solcherart Aktionen vor Salafistenständen, wo kostenlos Korane verteilt und junge Männer für den Dschihad begeistert werden, nie ansichtig wurde, schleicht sich der Verdacht ein, dass hier ein Gratismut an den Tag gelegt wird, der weniger die Demokratie zu schützen, als vielmehr ein eigenes gutes Gewissen herzustellen helfen soll. Sich als Held zu fühlen, wenn man gegen eine rechts-konservative Partei vorgeht, das gleiche Vorgehen jedoch gegen eine faschistoide Religionsideologie zu unterlassen, aus Angst, in den Verdacht des Rassismus zu geraten, ist halt einer der vielen feigen Kniffe, derer sich die Linken bedienen müssen, um ihr autoritäres Weltbild nicht zu gefährden.

Das Messen mit zweierlei Maß ist einer der Geburtsfehler der modernen Linken in Deutschland. Den Massenmörder Mao Tse-Tung angebetet und gleichzeitig auf Anti-Vietnam-Demonstrationen „USA-SA-SS" skandiert zu haben, ist eben die Geburtsstunde derjenigen Linken, die sich nach den Studentenprotesten auf ihren Marsch durch die Institutionen begeben und es sich schließlich an den wichtigen Verteilerpunkten unserer Gesellschaft gemütlich gemacht haben. Ob es nun Ho Chi Minh, Fidel Castro oder Che Guevara war, die Ikonen der Linken waren immer ausgemachte Mörder, denen man mit Hochachtung und Respekt begegnete, während im gleichen Atemzug die Mörder aus dem eigenen Kulturkreis in Grund und Boden verdammt wurden. Nicht der Ekel vor dem Morden, sondern der Ekel vor dem Eigenen und die Anbetung des Fremden hat sich bis heute erhalten und wird von den Linken weiterhin perpetuiert.

Und diesen autoritären Selbsthass weiß der Staat, der seit dem Völkerwanderungsdrama um seine Deutungshoheit kämpfen muss, wunderbar auszunutzen. Unzählige Förderprogramme, um den Bürgerprotest „gegen Rechts" zu alimentieren, wurden im Verbund mit den großen Medienhäusern aufgelegt, um beispielsweise das gar nicht so neue Phänomen der Fake-News zu bekämpfen, also bewusst gestreuter Falschnachrichten, die sich unter Gleichgläubigen rasend schnell verbreiten. Vorneweg dabei die Amadeu-Antonio-Stiftung, die den größten Teil ihres Geldes vom Bundesministerium für Familie, Senioren, Frauen und Jugend erhält. Die Vorsitzende der Stiftung, Anetta Kahane, kennt sich mit systemkonformem „Informationssammeln“ bestens aus, war sie doch zwischen 1974 und 1982 für die Staatssicherheit der DDR tätig und bespitzelte in dieser Zeit Dutzende Personen aus ihrem Umfeld, darunter Künstler, einen ZDF-Reporter, Westberliner Studenten und in der DDR lebende Ausländer. Solcherart Helden muss sich nun also die Bundesrepublik Deutschland bedienen, um Fake-News zu unterbinden. Geschichte wiederholt sich als Farce.

Um die deutschen Gutmeinenden zu ködern, ist der entscheidende Dreh, ihnen das Gefühl zu vermitteln, sie würden aktiv Widerstand leisten. Denn Widerstand ist das Zauberwort für jeden Gutmeinenden, will er sich doch niemals nachsagen lassen, er hätte 1933 womöglich keinen Widerstand geleistet. Dass heute der Widerstand von den Herrschenden bezahlt wird, ist das Komödiantische an der Geschichte. Dazu wird ein rechtsradikales Monster aufgeblasen und behauptet, dass es sein Haupt gar schröcklichst erhoben habe. Dieses Kunststück, sich als Widerstandskämpfer zu gerieren und gleichzeitig im Dienste der Herrschenden zu stehen, das ist wirklich ein reines Phänomen der Linken und politischer Kitsch par excellence.

Wenn es nach den ***Widerstandskämpfern für die Herrschenden*** ginge, sollten wir Deutschen ein Volk von Stammtischkämpfern sein. Dieser Begriff ist nicht als Witz gemeint. Ein – wie es heißt – „parteiübergreifendes Bündnis“ mit dem Namen „Aufstehen gegen Rassismus“ hat „sich zum Ziel gesetzt, sogenannte Stammtischkämpfer*innen auszubilden, die gegen Rassismus und rechtsaffine Haltungen aktiv werden.“ Natürlich ausgestattet mit üppiger staatlicher Förderung. Zu den bisherigen Unterzeichnern des Aufrufes zählen Bundesfamilienministerin Manuela Schwesig (SPD), SPD-Generalsekretärin Katarina Barley, die Partei- und Fraktionschefs der Grünen, die Linke-Parteichefs, der Vorsitzende des Zentralrats der Muslime, Aiman Mazyek, und einige andere hinlänglich bekannte Größen aus dem politischen Showbusiness.

Aber auch der antifaschistische schwarze Block, immer schon gewaltbereit und schwer kriminell, erhält vom Staat Fahrtkostenzuschüsse zu seinen „Demonstrationen gegen Rechts", wo er dann Pflastersteine werfen, Scheiben einschlagen und Autos abfackeln darf.* Das nennt sich dann liberaler Rechtsstaat und holt keinen Demokraten mehr hinterm Protestofen hervor. Das laissez-faire-Liberale aber, das sich durch Wegschauen und Indifferenz auszeichnet, hat die offene Gesellschaft bereits verraten und sich selbst dem Untergang geweiht.

Es ist nur schwer vorstellbar, dass das Bundesinnen- oder -familienministerium seine Truppen auch auf Anti-Demonstrationen gegen die Erdogan-AKP oder die rechtsradikalen Grauen Wölfe schicken würde. Die Proteste der Türkei will man sich gar nicht ausdenken, und in die Gefahr, als Rassist zu gelten, wollen sich die Linken ja auch nicht begeben. Zieht dann im Juli 2014 der islamo-faschistische Mob tausendfach und marodierend durch deutsche Städte und skandiert „Juden ins Gas", wird das schon alles nicht so schlimm sein, weil irgendwie gehören die ja nicht richtig zu Deutschland. Oder man hat sogar Verständnis, weil die Moslems den Benachteiligungen, die sie in einer christlich geprägten Gesellschaft erleiden müssen, – zugegeben etwas hilflos – Ausdruck

* In insgesamt 46 Fällen hat beispielsweise das Land Thüringen Zuschüsse gewährt, vergl. Drucksache 6/816 Thüringer Landtag vom 25.6.2015

verleihen. Der latente linke Antisemitismus tut dann noch sein Übriges, um das Abfackeln von Synagogen oder das Schänden jüdischer Friedhöfe als legitimen Ausdruck islamischer Israelkritik erscheinen zu lassen.[5)]

Bleiben noch die deutschen Kulturschaffenden, die ebenfalls nicht müde werden, die Geste des Widerständigen zu kultivieren, während sie schon lange vom staatlichen Betrieb eingenordet und unschädlich gemacht wurden. Sie hängen am Tropf der Toleranzpreise und Gerechtigkeitsmedaillen, erhalten Fördergelder für antirassistische Konzepte und Beifall für Auftritte, die irritieren und aufwecken sollen. Aber statt Verzicht, Disziplin, Bildung, Selbstveredelung und Überwindung – kurz: Kunst – produzieren sie die immer gleichen und immer eindeutigen politischen Statements im Mantel der verschiedenen künstlerischen Ausdrucksformen.

Das Potemkinsche Dorf der linken Kulturschaffenden ist die Überzeugung, dem kapitalistischen System zu trotzen, während sie es sich gleichzeitig sehr kommod in diesem System eingerichtet haben und nur zu gerne die staatliche Alimentation und Fürsorge in Anspruch nehmen. Denn nichts hängt mehr am staatlichen Finanzierungstropf als der Kulturbetrieb. Kein Wunder, dass die herrschende Klasse auf ihre Kulturschaffenden zählen kann, wenn es darum geht, die Veränderungen, die inzwischen von Rechts gefordert werden, abzuwehren.

So ist es zu einer Art Staatsräson in Deutschland geworden, niemals nicht auch nur im Entferntesten irgendwie in den Verdacht geraten zu wollen, 1933 vielleicht nicht gegen den Nationalsozialismus mutig und mit Verve aufgestanden zu sein. Diese Pflicht zum ***verspäteten Widerstand*** wurzelt in einem merkwürdigen Schuld-, Scham- und Bußeverständnis, das vor allem die westdeutschen Eliten nicht müde werden zu kultivieren. In Ostdeutschland dagegen ist nach 40 Jahren DDR-Strafe diese Lust an der Schuld viel weniger ausgeprägt.

Dabei gibt es niemanden, der die Linken so fasziniert wie der olle Ex-Führer. Gerade die intellektuelle Elite kann sich an ihm gar nicht satt sehen. Niemand war so oft Titel-Boy beim SPIEGEL wie er; Bücher über ihn, seine Helfer, seine Frauen, seine Hunde werden fast automatisch zu Bestsellern; sein Untergang garantiert Oscars; das geschichtsbewusste Pädagogikfernsehen wäre ohne ihn und Guido Knopp nicht denkbar. „Er" ist wieder da und „er" ist immer noch ein Kassenschlager.

„Er" – das war ja nicht einfach nur ein fehlgeleiteter deutscher Politiker, „er" und alles, was ihn umgab, steht für das Böse schlechthin: Darth Vader und die dunkle Macht. Von Kindesbeinen an üben die Deutschen ein, wie schlimm und verwerflich diese zwölf Jahre zwischen 1933 und 1945 waren. Das Gefühl, dennoch in ebendieser kurzen Zeitspanne in so etwas wie das deutsche Wesen ex negativo zu blicken, erfüllt die Deutschen mit Scham und dem Gefühl der Sünde. Es ist eine Art negative Einweihung, die dazu führt, dass die Deutschen meinen, ihr Selbstbild, ihre Identität, ihr ganzes Streben aus diesen 12 Jahren Finsternis definieren zu müssen.

Nach Karl Marx ist Fetischismus die religionsähnliche Verehrung von Objekten mit besonderer Bedeutung für die eigene Identität. Der Satz müsste inzwischen erweitert werden durch den Zusatz, dass auch „die religionsähnliche VERACHTUNG von Objekten mit besonderer Bedeutung für die eigene Identität" Fetischismus ist. Und „er" ist der Deutschen allerliebster Fetisch und Objekt allertiefster Verachtung.

Für Adorno war „nach Auschwitz ein Gedicht zu schreiben, barbarisch“. Und für Günter Grass war Auschwitz die „Stunde Null“ und es begann eine neue Zeitrechnung, die selbst die deutsche Teilung nach 1945 begründete. So wie das Jahr Null unserer Zeitrechnung die Geburt des Lichts verkündet, verkündet Auschwitz als Stunde Null die Geburt der Finsternis und es ist wohl nicht übertrieben, von 1945 als einer Geburt einer neuen Negativ-Religion zu sprechen, in deren Mittelpunkt „er“ steht: der umgekehrte Erlöser, der negative Heilige, der Antichrist, mit dessen Wirken eine Zeitenwende einhergeht. Durch ihn hindurch blicken die Deutschen gleichsam in ihre eigenen Abgründe des Dämonischen. Sein Name vermag magische Wirkung zu entfalten, und seinen Namen zu rufen, vermag den politischen Gegner zu bannen.

Die Formulierung der Linksliberalen, Deutschland habe sich „in Negation zum Nationalsozialismus“ entwickelt, deutet ja an, dass die Negation, das Verneinen, der Widerstand viel entscheidendere Faktoren für die deutsche Identität sind als irgendeine positive Setzung. Deutschsein bedeutet, wollte man esoterisches Vokabular bemühen, ein schwarzmagisches Einweihungsritual der Negation zu durchlaufen.

„Wer mit Ungeheuern kämpft, mag zusehn, dass er nicht dabei zum Ungeheuer wird. Und wenn du lange in einen Abgrund blickst, blickt der Abgrund auch in dich hinein“, schrieb Friedrich Nietzsche* und erkannte recht deutlich die Psychodynamik, die der direkte Blick in die Finsternis auszulösen vermag. Die alten Meister, die Drachentöter wie den Erzengel

---

* Jenseits von Gut und Böse, Aph. 146

Michael oder den Heiligen Georg in Öl malten, ließen ihre Helden nie direkt ins Antlitz des Bösen blicken. Man kann es für künstlerische Ungenauigkeit halten oder eben für das Wissen, dass der stiere Blick direkt in den Abgrund für die Überwindung des Bösen wenig hilfreich ist. Stattdessen führt er zu eben jener ***déformation psychologique***, die den Blick vom Bösen nicht mehr lassen kann, es überall erblickt und sich in Selbstanklage in den Abgrund stürzt.

Der Wunsch nach Buße und Strafe ist in der deutschen Gegenwartskultur deutlich stärker ausgeprägt und tiefer verankert als in anderen westlichen Ländern. Selbst eine so freudige nationale Wundenschließung wie die Wiedervereinigung konnte mit dem Argument der „Strafe für Auschwitz“ abgelehnt werden. Und endlich: 70 Jahre nach Kriegsende ist die Stunde der Buße gekommen. Die große Sünde der Deutschen, nämlich „ihn“ über die Welt gebracht zu haben, kann wieder gutgemacht werden, indem sich die Deutschen für die Welt opfern.

Auch in anderen Ländern des Westens gibt es den linken Selbsthass. Auch in anderen Ländern des Westens gibt es eine wohlstandsgesättigte Linke, die nach Fremden giert, um etwas Aufregung und authentische Verunsicherung in ihre als langweilig empfundenen Luxusleben zu bringen. Auch in anderen Ländern des Westens gibt es eine staatlich und kirchlich organisierte Helferindustrie, die nichts sehnlicher wünscht, als Millionen von Fremden, die mit Hilfe eines unendlichen Flusses an Steuergeldern in ihre Obhut gebracht werden, zu betreuen. Aber nur in Deutschland gibt es einen flächendeckenden Nazikompensationskomplex, der so tief in die Volksseele eingedrungen ist, dass er sich problemlos instrumentalisieren und als Rechtfertigung für jeden Sonderweg und jeden demokratischen Abusus ins Feld führen lässt.

Sechs lange Monate verkaufte Kanzlerin Angela Merkel Deutschland an eine politische und mediale Meinungselite, die diesen Nazikompensationskomplex mit einer unglaublich autoritären Verbissenheit auslebte, und die sich spätestens mit den Silvesterereignissen 2015 restlos selbst entlarvt hat. Man kann nur hoffen, dass die schrille Spitze dieses Bockgesangs inzwischen gebrochen ist. Statt weiterhin in den Abgrund des Bösen glotzen zu müssen, könnten die Deutschen jetzt in den gähnenden Abgrund des Guten schauen und wieder zur Vernunft kommen. Dann hätte das Staatsversagen, die Preisgabe der inneren Sicherheit, die Zerstörung des Sozialkapitals und die hunderte von Milliarden an verschwendeten Steuergeldern zumindest den Sinn gehabt, den Schuld- und Selbsthass-Stau, der großen Teilen der deutschen Elite eigen war, abfließen zu lassen, um das Land wieder in den Kreis der realpolitisch vernünftigen Länder zurückführen zu können.

Und es ist die Hoffnung, die zuletzt stirbt.

„Sind Sie stolz darauf, dass Kant, Goethe, Beethoven, Röntgen oder Max Planck Deutsche waren?"

„Nein, wieso? Ich habe doch an deren Leistungen keinerlei Anteil."

„Aber für Hitler schämen Sie sich schon, nicht wahr?"

Michael Klonovsky, Acta diurna vom 27. Januar 2017

2
DIE BLASE, IN DER WIR LEBEN

Geschichte als Besserungsanstalt

Manchmal kommt es vor, dass bei Interviews die Fragen interessanter sind als die Antworten. So geschehen beim Gespräch des stellvertretenden Chefredakteurs der Wochenzeitung DIE ZEIT, Bernd Ulrich, mit dem AfD-Politiker Alexander Gauland vom 28. April 2016. Mehrmals spricht Ulrich den Politiker darauf an, ob er sich denn nicht über das Post-Auschwitz-Deutschland, das sich „in Negation zum Nationalsozialismus entwickelt" habe, freuen könne: „Deutschland ist ökologischer, weiblicher, offener, föderaler, weniger militärisch. Das macht uns so erfolgreich. Können Sie sich darüber nicht freuen?" Und etwas später: „Dass ein Volk in der Lage ist, Schlüsse aus seiner Vergangenheit zu ziehen und dadurch ein besseres Volk zu werden, ist doch etwas Großartiges."

Nach Ulrich sind die Deutschen seit Auschwitz also ein besseres Volk geworden, was bereits eine mehr als zweifelhafte Aussage ist. Denn ob ein Volk kollektiv besser werden kann, ist auf einem ähnlichen intellektuellen Niveau wie die Aussage, dass das deutsche Volk kollektiv Schuld trage. Sowohl Schuld wie auch Läuterung sind keine Kollektiveigenschaften, sondern immer an den Einzelnen gebunden. Die Kehrseite des Glücks über die Läuterungsfähigkeit des deutschen Volkes ist eben die irrige Annahme einer volkhaften Kollektivschuld, die damit überwunden wäre. Dass die Kollektivschuld eine Erfindung der individuell Schuldigen war, um kurzerhand ihre eigene Schuld zu verkollektivieren, mag dem menschlichen Bedürfnis der Schuldabwehr geschuldet sein. Dass sie ein ganzes Volk in Geiselhaft nahm, war dann der Kollateralschaden, den man nur allzu gerne in Kauf zu nehmen bereit war, um seine

Karriere aus dem Dritten Reich ungebrochen in die Bundesrepublik retten zu können. Historische Ehrlichkeit geht anders.

Für den stellvertretenden Chefredakteur der ZEIT ist das Post-Auschwitz-Deutschland ***ökologischer, weiblicher, offener und pazifistischer*** geworden. Den Grund sieht er in der ***Negation zum Nationalsozialismus***. Diese kollektivistische Lesart eines neuen deutschen Selbstwertgefühls ist in linksliberal-gebildeten Kreisen durchaus beliebt: Negieren die Deutschen weiterhin den Nationalsozialismus und bekämpfen ihn, wo immer sie ihn zu treffen meinen, werden sie auf der Leiter der Läuterung immer höher steigen. Eine Welt ohne Nationalsozialismus ist dagegen weder wünschenswert noch vorstellbar, würde sie doch die eigene Läuterung schwer gefährden.

Weltanschaulich entspringt Ulrich der basisdemokratischen Bewegung, die sich in den 70er Jahren des letzten Jahrhunderts bildete und schließlich in der Partei der Grünen aufging (von 1988 bis 1990 war Ulrich Büroleiter beim Fraktionsvorstand der Grünen im Deutschen Bundestag), und sein Blick auf Deutschland ist natürlich der Blick eines West-Intellektuellen, der die Veränderungen, die im Zuge der studentischen Protestbewegung einsetzten, als Läuterung und Wiedergutwerdung der Deutschen zu interpretieren versucht. Ohne Ulrich persönlich überhöhen zu wollen, kann man ihn doch als typischen Vertreter des neuen grün-linksliberalen Ideologie-Mainstreams bezeichnen, und sein Lebensweg ähnelt dem unzähliger anderer Journalisten, die es ebenso wie ihn in leitende Funktionen des Medienbetriebs spülte.

Dabei ist der Topos der Wiedergutwerdung der Deutschen durch das Ökologische, Weibliche, Offene und Pazifistische einer der wichtigsten Topoi, mit denen die Linksliberalen ihre eigene Deutungshoheit über das, was richtig und was falsch ist, zu verteidigen versuchen. Nicht zufällig sind die vier Attribute des Ökologischen, Weiblichen, Offenen und Pazifistischen eine kurze und treffende Zusammenfassung des ursprünglichen Parteiprogramms der Grünen, das in der Zwischenzeit alle anderen Parteien zu adaptieren versucht haben. Es ist das neue, allgemeingültig-deutsche Selbstverständnis, dessen Anerkennung inzwischen als moralisch gut gilt. Es den Menschen als einzig möglichen Weg der Läuterung und damit Zurücklassen der Nazi-Vergangenheit verkauft zu haben, bleibt eine der beeindruckenden Leistungen dieser kleinen grünen Splitterbewegung, die nie mehr als 8% der abgegebenen Wählerstimmen bei einer Bundestagswahl erreichte.

Ob das Ökologische, Weibliche, Offene und Pazifistische wirklich das war und ist, was Deutschland so erfolgreich gemacht hat, darf natürlich bezweifelt werden. Man könnte, um ein Gegenbild zu entwerfen, auch behaupten, das Arbeitsame, Disziplinierte, Autoritätshörige und Humorlose habe Deutschland so erfolgreich gemacht – und würde damit sicher der Wirklichkeit einen größeren Gefallen tun. Allein, diese Attribute könnten nicht dazu dienen, die Erfolgsgeschichte der Deutschen – sofern sie denn vorliegt – in Negation zum Nationalsozialismus zu interpretieren. Und dieser Wunsch ist wichtiger als die Beschreibung der Wirklichkeit.

Der stellvertretende Chefredakteur der ZEIT präsentiert hier, wollte man postmodernes Vokabular bemühen, ein klassisches Narrativ, also eine Erzählung, die politische und historische Gegebenheiten so präsentiert, dass Sinn und Aufgabe aus ihr erwachsen. Ein Narrativ beschreibt nicht die Wirklichkeit, sondern schafft eine sinnstiftende Wirklichkeit für eine imaginäre bessere Zukunft.

Das Narrativ von Deutschland als ökologischem, weiblichem, offenem und pazifistischem Land, das aus der Vergangenheit die richtigen Schlüsse gezogen hat, ist so tief ins deutsche Kollektivbewusstsein gedrungen und hat eine derart überzeugende Evidenz entwickelt, dass es sinnvoll erscheint, sich mit ihm etwas näher zu befassen. Die Analyse des Narrativs vermag nämlich den Blick freizulegen auf das Selbstverständnis des Erzählers, auf die erkenntnistheoretischen Annahmen, mit denen er operiert, und auf die moralischen Implikationen, die er für die Zukunft setzt.

Die Erkenntnismatrix, die in dem Narrativ Anwendung findet, geht von einem christlich-eschatologischen Geschichtsverständnis aus: Geschichte beschreibt die Höherentwicklung des Menschen hin zu seiner Erlösung. Übertragen auf die Deutschen wird das dunkle Karfreitagserlebnis des Nationalsozialismus zum Ostersonntag des „besseren Volkes". Ulrich unterstellt der Geschichte eine Wirkung als ***Besserungsanstalt des Menschen***, sofern der Mensch die Angebote, die ihm jene machen, die bereits aus der Geschichte die richtigen Schlüsse gezogen haben, auch annimmt.

Über das, was die richtigen Schlüsse sind, hat Bernd Ulrich bereits informiert: ökologisch, weiblich, offen, pazifistisch. Merkwürdig an diesen richtigen Schlüssen ist nur, dass sie wieder sehr deutsch anmuten. All die Themen, die bereits Richard Wagner in seinem ***Ring des Nibelungen*** thematisiert hat, tauchen wieder auf: die Ökologie der Naturromantik, die Anbetung des Weiblichen, wie sie Wagner in den Rheintöchtern (wahlweise den Walküren) vornahm, die Aussöhnung zwischen Mensch und Göttern durch den Verzicht auf den Ring, der nur Krieg brachte. Und wäre der Begriff „offen" nicht so schwammig, Richard Wagner hätte ganz sicher auch ihn bedichtet. Dagegen ist generell nichts einzuwenden, nur ob das wirklich in ***Negation zum Nationalsozialismus*** geschehen ist, oder diese Topoi nicht vielmehr bereits von den Nationalsozialisten genutzt wurden, um all diese urdeutschen Sehnsüchte einzufangen, dürfte schwerer zu beantworten sein, als es Ulrich unterstellt.

Ganz andere Schlüsse als die Deutschen zogen die Juden, die zweifelsohne durch 1933-45 ebenfalls eine entscheidende Prägung erfuhren. Die jüdisch tingierte Geschichtsauffassung, die ohne Erlösung und Erlöser auskommen muss, hat weniger die Fragerichtung: Sind wir besser aus der Geschichte hervorgegangen, als wir in sie hineingingen? – als vielmehr eine Erinnerungsrichtung: Niemals vergessen! In dieser Erinnerung ist das Bewusstsein um die eigene Identität aufgehoben, die Pflicht zur Wehrhaftigkeit und die Bereitschaft, den eigenen Staat gegen Feinde zu verteidigen. Ökologisches und Pazifistisches leiten die Juden aus der Geschichte eher weniger ab.

Die Lehren, die Bernd Ulrich und mit ihm die gesamte Bildungselite Deutschlands in Negation zum Nationalsozialismus als alternativlose meint gezogen zu haben, sind ja so alternativlos eben nicht. Die Täter scheinen andere Lehren als die Opfer aus der Geschichte zu ziehen, und es gibt nicht wenige Deutsche, die sich gewünscht hätten, eher ein stilles Gedenken an die Zeit des Nationalsozialismus zu pflegen, als wieder eine sich selbst erhöhende Erziehungsleistung aus ihm gezogen zu haben.

Das ist ja auch der Grund für einen der beliebtesten Vorwürfe der Linken an den Staat der Juden: wie können sie nur die Palästinenser so übel behandeln, wo sie doch selbst „von uns“ genauso behandelt wurden. Haben die Juden denn aus der Geschichte nichts gelernt? Die Juden verschmähen mal wieder, was die Deutschen an Güte, Humanismus und Offenheit so mühsam meinen gelernt zu haben. Und so ist es nur ein kleiner Schritt, jene Juden, die sich zum Staat Israel bekennen, als die neuen Nazis zu verunglimpfen. Wie nur, so fragen viele Deutsche etwas larmoyant, könne man denn aus der ***Besserungsanstalt Auschwitz*** nicht als guter Mensch hervorgehen, sondern müsse immer noch auf eigene Identität pochen und sie mit militärischen Mitteln zu verteidigen suchen? Eine „Welt jenseits der Zuordnungen“[2)] mag für die deutsche Linke das Paradies darstellen; für viele andere ist es eher ein Bild der Hölle.

Dieses im Unbewussten wirkende Geschichtsverständnis von Geschichte als einer Besserungsanstalt liegt dem, was die Deutschen als Erinnerungskultur entwickelt haben, zugrunde. Die Denkbewegung, dass nur der, der Schlimmes in die Welt gebracht hat, dazu befähigt ist, auch das Gute zu empfinden, hat zu dem geführt, was inzwischen als deutsches Phänomen des ***Sündenstolz*** gelten kann. Aus dem Mund des Schriftstellers Niklas Frank, der nichts unversucht ließ, seine Nazi-Familiengeschichte aufzuarbeiten und der des Rechtsradikalen sicherlich als unverdächtig gelten kann, klingt das dann so: „Wir sind durch unsere Verbrechen ein auserwähltes Volk, denn wir wissen, dass es vom Kleinsten bis in die Gasöfen führen kann.“* Und als der geachtete Historiker Prof. Eberhard Jäckel in seiner Festrede zum fünften Jahrestag des Holocaust-Mahnmals in Berlin 2010 feststellt, dass „in anderen Ländern manche die Deutschen um dieses Mahnmal beneiden“, trifft er diesen neuen Stolz der Deutschen auf den Punkt. Die Leistung, nicht auf die Geschichte, sondern auf die Erinnerung an diese

---

* Frankfurter Rundschau vom 28.2.2017

Geschichte stolz zu sein, hat in der Tat kein anderes Volk den Deutschen voraus.

Geschichte als eine Höherentwicklung des Menschen zur leuchtenden Vernunft ist nun ein Konzept, das den Menschen, die der Überzeugung sind, es wären die Ideologien, die den Fortgang der Geschichte bestimmen, unmittelbar einleuchtet. Je vernünftiger eine Ideologie, desto unaufhaltsamer die Höherentwicklung. Dass bereits diese Geschichtsauffassung schwer an den historischen Materialismus eines Karl Marx erinnert und unter Umständen selbst eine Ideologie sein könnte, will dabei vielen nicht einleuchten. Zu sehr sind sie vom wissenschaftlichen Menschenbild Marxscher Prägung beeinflusst.

Weltanschauung, Religion, Nationalismus, Faschismus, Kommunismus, Kapitalismus – das sollen die entscheidenden Parameter des geschichtlichen Fortlaufs sein. Und der mit dem Eintritt des 21. Jahrhunderts aufkommende mörderische Islamismus scheint den Apologeten dieser Geschichtsauffassung Recht zu geben. Eine daraus resultierende ähnliche Abwehrhaltung dem Islamismus gegenüber, wie sie beim Faschismus an den Tag gelegt wird, würde man sich ja wünschen, kann aber wegen der postulierten Religionsfreiheit, Toleranz und Offenheit von jenen nicht geleistet werden, die ständig mit der Abwehr rechter Pöbler beschäftigt sein müssen.

Der Kampf gegen Rechts ist eine deutsche Obsession geworden. Ginge es nach dem Selbstverständnis der Gutmeinenden, jeder Mensch müsste sich daran messen lassen, ob er auch genügend Widerstand gegen Rechts leistet. Der vielleicht viel notwendigere Widerstand gegen einen die individuellen Freiheiten tief verachtenden Islamismus, der sich in vielen islamischen

Gemeinden und Gemeinschaften wie ein Fisch im Wasser zu bewegen vermag und von einer großen Zahl der Moslems geschützt wird, muss dagegen leider zurückstehen.

Wenn man Geschichte als eine Abfolge gewalttätiger Ereignisse ansieht, so musste Gewalt immer – auch wenn sie von debilen Herrschern oder alternden Eliten ausgerufen wurde – von Männern im wehrfähigen Alter durchgesetzt werden. Ohne einen Überschuss an Jungmännern, die zu opfern keine oder nur wenige Konsequenzen nach sich zieht, gelingen keine Kriege. Weder Bürgerkriege noch Eroberungskriege. Alle Gewalt, so heißt es im deutschen Grundgesetz, geht vom Volke aus, aber die untrügliche Wahrheit ist auch, dass alle Gewalt von jungen Männern ausgeht – und wenn derer genügend vorhanden sind, lassen sich alle Ideologien und Religionen in Todeswaffen verwandeln.

Der Soziologe und Völkermordforscher Gunnar Heinsohn hat den Umstand des Zuviel an männlichem Nachwuchs den „youth bulge" genannt, was man mit „Jungmännerüberschuss" übersetzen kann. Mit einer durchschnittlichen Geburtenrate von 2,1 Kindern pro Frau bliebe die Bevölkerung einer Gesellschaft auf konstantem Niveau, d.h. es sterben genauso viele Menschen, wie neue geboren werden. Verschiebt sich das Verhältnis zugunsten der Sterbenden, nimmt die Bevölkerung ab. Man spricht von einer Vergreisung. Werden mehr Menschen geboren, als Menschen sterben, wächst eine Bevölkerung. Nimmt der Anteil an Neugeborenen eklatant zu, sind die Folgen des Gesellschaftswachstums fast immer gewaltig: Rohheit, Brutalität, Gewalt, Bildungsferne und immer extremere Formen des Patriarchats beginnen die Gesellschaft zu formen. Dabei ist die Korrelation zwischen Jungmännerüberschuss – also nachwachsenden Männern, denen gesellschaftliche Posten verwehrt bleiben – und Gewalt evident.

Gesellschaften, die ein Zuviel an Männern produzieren, neigen schlicht zu Aggression. Gunnar Heinsohn nennt es den gesellschaftlichen Kriegsindex. Er setzt sich aus dem Verhältnis der 15- bis 19-Jährigen zu den 55- bis 59-Jährigen zusammen. Letztere machen die gesellschaftlichen Posten frei, die Anerkennung und Wohlstand versprechen, in die Erstere dann einziehen wollen. Gibt es zu viele Bewerber um diese Posten, wird um die frei werdenden Plätze mit Gewalt gekämpft. Entweder innerhalb der Gesellschaften, wenn schwache staatliche Strukturen es zulassen, oder in Form von Angriffs- und Eroberungskriegen, die, sofern man als Held aus ihnen zurückkehrt, ebenfalls Anerkennung versprechen. Geschichte ist nicht der Kampf der Weltanschauungen und Ideologien, sondern die Ausbrüche der rohen Kraft des Testosteron.

Religionen, Weltanschauungen und Ideologien mutieren zu Werkzeugen in den Händen der Jungmänner, um die Gewalt, zu der sie neigen, zu verrechtfertigen. Dabei ist es den Toten und Ermordeten gleich, ob es das Christentum oder der Islam, der Faschismus oder der Kommunismus ist, mit dem Kohorten von aggressiven Jünglingen in ihre hasserfüllten Kriege ziehen. Ihnen geht es um das konfliktreiche Ausleben ihrer Rohheit und um die Aussicht auf Anerkennung, wenn sie als Stärkere aus diesen Konflikten hervorgehen. Gerade die Geschichte Europas, die seit dem 15. Jahrhundert eine Geschichte der explodierenden Bevölkerungen war, zeigt ja, dass die weltanschaulichen Legitimationen über die Jahrhunderte wechseln, während allein auf die Gewalt Verlass bleibt. Mit 7-8 Kindern pro Frau wird über Jahrhunderte eine Menge an Jünglingen in die Welt gesetzt, die sich für kein Himmelfahrtskommando zu schade ist. Das ist in Spanien, als die Conquistadores nach Amerika ausziehen, nicht anders als in Schweden, das im 17. Jahrhundert zur Geißel Europas wird, oder in Deutschland, das sich lange für ein „Volk ohne Raum" hielt.

„Bis 1915", so Gunnar Heinsohn, „keucht Europa (mit der Ausnahme Frankreichs) unter Geburtenraten wie heute in Gaza, Irak oder Nigeria, wo für Hamas, das Kalifat oder Boko Haram die Jugend sich vom Leben trennt. Erst 1916 fallen die Geburtenraten von 5 bis 6 auf unter 3. Deshalb können sich die Generäle im nächsten Weltkrieg die Soldaten – gerne als «Menschenmaterial» oder «cannon fodder» verbucht – nicht mehr sorglos aus der demographischen Portokasse nehmen. An allen Fronten werden auch einzige Söhne in den Tod geschickt, so dass Europa nach 1945 friedlich wird und auf dem Weg zur aktuellen Geburtenrate von 1,5 die Menschheit sogar als pazifistischer Musterschüler in Erstaunen setzen kann."*

Das linksliberale Narrativ vom ökologischen, weiblichen, offenen und pazifistischen Deutschland entpuppt sich bei näherer Betrachtung also als gar nicht so falsch, egal wie zweifelhaft die zugewiesenen Attribute auch klingen mögen (was soll ein weibliches Land sein?). Nur ist die Ursache dieser Attribute eine andere, als das Narrativ vom Volk, das aus der Geschichte gelernt hat.

Eine Gesellschaft, die mit modernen Verhütungsmethoden auf Qualität statt Quantität beim Nachwuchs setzt, liebt das Leben der Weniggeborenen mehr als eine Gesellschaft, die Geburten in Überfülle zu produzieren und mit den überschüssigen Männern nichts anzufangen weiß. Das Ökologische entpuppt

---

* Schweizer Monat, 01.09.2014, Nr. 1019

sich als der qualitativ hochwertige Zugang, mit Umwelt und Ressourcen umzugehen, und ist ein Kollateralnutzen dieser Liebe zum Leben. Auch das Weibliche, das wohl die Gleichberechtigung der Geschlechter umschreiben soll, kann nur als wirkmächtige Kraft anerkannt werden, sofern das Testosteron der Jungmänner als Aggression und Kontrollverlust gesellschaftlich geächtet und den Frauen der Weg in anerkannte Positionen geebnet wird.

Die Geschichte des ausgehenden 20. Jahrhunderts müsste nicht als Geschichte des postmodernen Niedergangs der Ideologien geschrieben werden, sondern als Geschichte der Anti-Baby-Pille. Die Wiederkehr der weiblichen Verhütung, nachdem sie im 15. Jahrhundert in Gestalt der Hexen und Kräuterweiber ausgerottet worden war, ist das Fanal zur Befreiung der Frau. Die weibliche Ablehnung, sich vom Patriarchen ans Bett und an den Herd fesseln zu lassen, um als Gebärmaschine zu dienen, konnte dank des medizinisch-wissenschaftlichen Fortschritts in die Tat umgesetzt werden. Diesen Traum träumen die Frauen in Afrika oder den islamischen Ländern weiterhin. Die Anti-Baby-Pille ist die friedlichste der bekannten Revolutionen, und alle Beteiligten haben noch ihren Spaß dabei.

Solange in manchen Weltregionen das Patriarchat noch ungebrochen herrschen kann, indem es sich selbst mit Geburtenraten von 6-7 Kindern immer weiter reproduziert, kämpft der zivilisierte Westen gegen eine bereits quantitative Übermacht, die auch ideologisch ganz andere Implikationen mit sich bringt, weil sich mit der Übermacht der Zahl die Macht der rohen Gewalt verbindet.

Als sich al-Qaida zu den mörderischen Attentaten in Madrid 2004, bei denen mehr als 190 Menschen den Tod fanden, bekannte, hieß es im Bekennerschreiben: „Ihr liebt das Leben, und wir lieben den Tod." Besser wurde der Unterschied zwischen demographisch abnehmenden Gesellschaften und demographisch aufrüstenden Gesellschaften, wie sie in weiten Teilen der islamischen Welt betrieben werden, nie zusammengefasst. Mit einer Befreiungsideologie oder anderen humanistisch gemeinten Avancen hat der Islamismus nichts zu tun. Er ist vielmehr das mörderische Patriarchat in Reinstform.

It's the demography, stupid!

Ein Blick auf die demographische Entwicklung des Bürgerkriegslandes Syrien mag genügen, um das Explosive der Bevölkerungszahlen zu verdeutlichen. Im Oktober 2016 schreibt Gunnar Heinsohn: „1960 hat Syrien 4,5 Millionen Einwohner. Seit 2011 gibt es 4,2 Millionen ins Ausland geflohene Bürger sowie über 300.000 Kriegsopfer. Eine Menschenzahl in Höhe der Gesamtbevölkerung von 1960 ist heute außer Landes oder tot. Gleichwohl weiß jeder, dass Syriens Bevölkerung dadurch nicht auf Null gefallen ist. Sie steht mit 18 Millionen immer noch beim Vierfachen von 1960. Waren – vor dem Töten und Fliehen – die 22,5 Millionen von 2011 unüberschaubar mehr, als die Arbeitsmärkte unterbringen konnten, so liegen auch die 18 Millionen von heute immer noch sehr weit über der ökonomischen Aufnahmekapazität des Landes. Deutschland stände bei einer Vervierfachung seit 1960 nicht bei 82, sondern bei 290, die Schweiz bei 22 statt 8 und Österreich bei 28 statt knapp 9 Millionen. Ungeachtet ihrer innovativen Betriebe ständen alle drei Länder vor unlösbaren Herausforderungen. In Syrien fehlte eine entsprechende Industrie bekanntlich nicht nur 1960, sondern sie fehlt auch heute."*

Und in diesem und anderen Ländern – im Irak, in Afghanistan oder im Jemen sieht die demographische Entwicklung ja nicht anders aus – ist die deutsche Bundeskanzlerin angetreten, die „Fluchtursachen zu bekämpfen". Wie, so darf man fragen, soll das gehen, ohne im Größenwahn Fieberträume zu haben?

---

* 6.10.2016 auf achgut.com

Die Stärke der westlichen Gesellschaften ist ihr demographischer Niedergang. Er hat das Rad der friedlichen Kooperationen und zivilisatorischen Errungenschaften mit ungeheurer Schnelligkeit zum Drehen gebracht und hat erst jene linksliberalen, friedlichen Gesellschaften entstehen lassen, die merkwürdigerweise vor allem von den Linksliberalen mit dem größten Argwohn betrachtet werden. Dabei ist auch der Hang zum Pazifismus viel weniger einer Erkenntnisfähigkeit des Menschen geschuldet, als vielmehr dem Fehlen an ausreichendem Testosteron. Konnten die USA im zweiten Weltkrieg noch 400.000 gefallene Soldaten in tausende von Kilometern entfernten Kriegsgebieten verkraften, so brach bereits im Vietnam-Krieg bei 50.000 Toten die Heimatfront zusammen. Heute müssen die USA, um ihre Position als Weltpolizist wahrnehmen zu können, mit ausgeklügelter Technik und überlegener Waffengewalt agieren, um weitestgehend Kriegstote auf eigener Seite zu verhindern. Das postheroische Zeitalter ist ja nur für jene Gesellschaften angebrochen, die ihr Kapital an Jungmännern nicht mehr gewissenlos verheizen können.

Als 1972 der Club of Rome sein Buch von den ***Grenzen des Wachstums*** veröffentlichte, stellte er dar, wie zwischen 1650 und 1900 die Weltbevölkerung sich verdoppelt habe, aber seit 1970 nicht mehr 250 Jahre zu einer Verdoppelung benötigt würden, sondern nur noch 33 Jahre. Diese Bevölkerungsentwicklung nannte der Club of Rome „superexponentiell" und prophezeite, dass die rasant steigende Anzahl an Menschen irgendwann nicht mehr versorgt werden könne (damals übrigens herrschte noch keine Angst vor einer Klimaerwärmung, eher war man davon überzeugt, dass sich die Erde noch abkühlen würde und daraus Ernteeinbrüche und Unterversorgung entstünden).

Nun trat aber – allen Vorhersagen dieses höchst elitären Clubs zum Trotz – nichts so ein, wie er es prophezeit hatte. Selbst das weltweite Bevölkerungswachstum, das der Club of Rome ab 5 Milliarden Menschen im kritischen Bereich sah, nahm schneller zu, als die Damen und Herren es für möglich gehalten hatten. Im Jahr des vorhergesagten Weltuntergangs, im Jahr 2000, lebten weit mehr als die kritische Masse von 5 Milliarden Menschen auf der Erde – es waren sogar mehr als 6 Milliarden. Und keineswegs gingen die Ressourcen aus oder sank der Wohlstand pro Kopf. Auch im Jahr 2011, als die 7-Milliarden-Marke geknackt wurde, erfreute sich die Menschheit eines steigenden Wohlstands.

Die Ressourcen der Erde mögen endlich sein, aber der Geist des Menschen ist es eben nicht. Neue Techniken, neue Technologien, die Genforschung, die Kernkraft – all der geistige und technische Fortschritt hat dazu geführt, dass die Wahrscheinlichkeit, im Jahr 2100 zurückhaltend prognostizierte 11 Milliarden Menschen ernähren und wärmen zu können, durchaus hoch ist. Und mit einem weiteren wurde nicht gerechnet: dass diejenigen Leistungs- und Bildungsgesellschaften, die für den technischen Fortschritt verantwortlich zeichnen, demographisch stagnierende oder sogar abnehmende Gesellschaften sind, während die exponentiell wachsenden Gesellschaften, denen Frieden, Bildung, Rechtssicherheit und Menschenliebe abgehen, sich den Segnungen des technischen Fortschritts verschließen.

Es ist der technische Fortschritt, der die Möglichkeit böte, die Herrschaft des Patriarchats zu brechen. Solange jedoch in manchen Erdregionen Bildung des Teufels ist und die freie Entfaltung des Individuums als gottlos gilt, kann für die demographisch abnehmenden Gesellschaften des Westens nur gelten, dem Schlachten aus sicherer Entfernung zuzuschauen und darauf zu hoffen, dass die Macht des Testosterons zügig gebrochen werde. Einer feministischen Weltsicht dürfte dies, so zynisch es klingt, entgegenkommen.

Wenn der Weltgeist je vernünftig war, dann im demographischen Niedergang. Dass aus ihm andere Probleme wie fehlende Rentensicherheit und abnehmende gesellschaftliche Wehrhaftigkeit erwachsen, soll natürlich nicht verschwiegen werden. Und auch Bevölkerungsrückgang ist kein Garant für lupenreine demokratische Verhältnisse. Aber die Bedingung ihrer Möglichkeit ist der demographische Rückgang eben schon. Ohne ihn bleibt der Mensch im ständigen Kampfmodus.

Das wissenschaftlich-rationale Menschenbild, auf dem all die Weltuntergangsszenarien aufbauen, die sich im Zuge der Forschungsergebnisse des Club of Rome entwickeln ließen, bekommt die Soziodynamik exponentiell wachsender Gesellschaften nicht in den Blick. In ihnen treibt eine irrationale Urkraft an die Oberfläche, der rational ausgerichtete Gesellschaften nur wenig entgegenzusetzen haben. Hier von gleichen Voraussetzungen zwischen demographisch abnehmenden und demographisch wachsenden Gesellschaften auszugehen, bedeutet, den weiblichen, ökologischen, offenen und friedlichen Ast, auf dem es sich die demographisch abnehmenden Gesellschaften so gemütlich gemacht haben, selbst abzusägen.

Und die Zahlen im Vorhof Europas bieten leider keinerlei Anlass zur Entwarnung. Im arabischen Teil Afrikas wächst die Bevölkerung von 70 Millionen (1950) über 380 Millionen heute bis auf 620 Millionen Menschen 2050 an. „2009 – vor Ölpreisverfall und arabischen Kriegen – wollen 23 Prozent abwandern. Legt man heute 30 Prozent zugrunde und erwartet

– durchaus konservativ – diesen Wert auch für 2050, dann stehen aktuell 120 und 2050 rund 200 Millionen Araber für Europa zur Verfügung."*

Im Subsahara-Raum sind die Zahlen sogar noch dramatischer. „Das liegt an der vitalen Entwicklung Schwarzafrikas, wo man von 180 Millionen 1950 über eine Milliarde 2015 bis auf 2,2 Milliarden Bürger im Jahre 2050 zulegt. Letzteres entspricht der Weltbevölkerung von 1930. Die Hälfte aller Neugeborenen wird dann aus dem Subsahararaum kommen (1950 noch 9 Prozent). Schon 2009 wollen von dort 38 Prozent der Einwohner weg. Mittlerweile wird man mit mindestens 40 Prozent rechnen dürfen. Es wären heute also 400 Millionen und 2050 rund 850 Millionen für die Übersiedlung nach Europa bereit."**

Und was macht Europa? Europa hält den falschen Glauben aufrecht, es sei moralisch höher entwickelt als der Rest der Welt und könne die Brutalitäten des Jungmännerüberschusses aus dem Afrikanischen soweit mit Geld und Moral besänftigen, auf dass der Zusammenprall der entgegenlaufenden Vitalitätskreise, den es schon lange gegeben hat, irgendwie abgepuffert werde. Ein tragfähiges Konzept, eine passende Antwort, ein Maßnahmenpaket bleibt Europa schuldig. Stattdessen wird eine Armutseinwanderung aus schwerst patriarchalen Gesellschaften als Bereicherung gepriesen, und die daraus resultierende Gewaltexplosion als „Reaktion auf Benachteiligung" verdreht.

---

* Cicero, 28.10.2016

** 16.10.2016 auf achgut.com

Statt nun das Problem der explodierenden Bevölkerungen, welches spätestens seit 1972 durch den Club of Rome bekannt und im öffentlichen Bewusstsein ist, als Ursache der kriegerischen Auseinandersetzungen anzuerkennen und Antworten darauf zu suchen, hat sich der Westen von einer grünen Umweltideologie in Geiselhaft nehmen lassen. Statt beispielsweise sinkende Geburtenzahlen als verpflichtend für die Mitgliedschaft in der U.N. zu fordern, wird lieber mit der Klimakatastrophe ein Teufel an die Wand gemalt, der weder wissenschaftlich nachweisbar, noch für die jetzige Generation der Weltpolitiker je zum Prüfmaßstab ihrer Leistungen herangezogen werden kann. Das Zwei-Grad-Ziel, das bis zum Jahr 2100 erreicht werden soll, und in das weltweit Billionen Dollar gesteckt werden, ist die Nebelkerze, die es brauchte, um von den dramatischen Ursachen der Völkerwanderungsbewegungen ablenken zu können.

Bis zum Jahr 2015, als die Wanderungsbewegung aus dem islamischen Raum richtig an Fahrt aufnahm, waren es die Gläubigen der Klimakatastrophe, die die westlichen Länder auf schreckliche Flüchtlingsströme einzustimmen versuchten, nämlich die der „Klimaflüchtlinge". In völliger Verkennung der wirklichen Fluchtursachen, deren ansatzweise Abmilderung der Westen nur mit einem Programm eines neuen Kulturkolonialismus begegnen könnte, wurde den Menschen im Westen versucht einzureden, ihr Lebensstil, ihr Ressourcenverbrauch, ihr CO2-Abdruck, ihr Wirtschaftswachstum sei in Zukunft für die Wanderungsbewegungen aus den bevölkerungsexplosiven „failed states" verantwortlich. Als sich dann die Wandernden ganz ohne Klimakatastrophe auf den Weg machten, war es zum Gegensteuern bereits zu spät.

Der menschliche Geist und seine Innovationsfreude und Adaptionskraft ist unendlich und imstande, die meisten Probleme der physischen Welt zu lösen. Die soziodynamischen Probleme des Patriarchats sind jedoch technisch und physisch (noch) nicht lösbar. Und natürlich wird sich Europa in eine Festung verwandeln müssen und das aus einem einzigen Grund: um die Bedingungen für die eigene Offenheit und den innergesellschaftlichen Frieden nicht zu gefährden. Die einzige Frage wird die nach den Zugbrücken sein und wie durchlässig diese Zugbrücken gestaltet sein werden, um einigen Verfolgten Schutzstätte und gut ausgebildeten Facharbeitern Heimstätte zu werden.

Dass sich Europa bereits in eine Festung verwandelt hat, wird jeden Tag deutlicher. Nur statt selbst Grenzzäune an den Außengrenzen zu bauen, wird ein in die Despotie abrutschendes Land wie die Türkei darauf verpflichtet, diese Aufgabe zu übernehmen. Die Millionen an Kosten für den Bau und die Sicherung der Grenzanlagen zu Syrien werden von der EU bezahlt. Dieses Vorgehen Heuchelei zu nennen, wäre noch höflich. Und das alles nur aus dem Grund, weil die kulturelle Offenheit und der Frieden, die sich Europa durch niedrige Geburtenraten erkauft hat, als höhere Moral, die für alle Anwendung finden soll, missverstanden wird.

Schon 1972 hatte der Club of Rome die superexponentielle Bevölkerungsentwicklung richtig prophezeit, nur hat er die völlig falschen Schlüsse gezogen. Er sah die Versorgung der explodierenden Weltbevölkerung in Gefahr, aber diese Gefahr ist nicht eingetreten. Und die Soziodynamik dieser explodierenden Weltbevölkerung hat den Club of Rome nie interessiert. Statt sich für die Industriegesellschaften Morgenthau-Pläne und eine „Kultur des Weniger“[6] auszudenken, hätten seit den

70er Jahren Maßnahmen der friedlichen Länder getroffen werden müssen, um die Walze des Jungmännerüberschusses aufzuhalten. Das jedoch ist durch Umweltreligionen und Offenheitsideologien aktiv verhindert worden – und wird es weiterhin.

Die westliche Linke mit ihrem vorgeblichen Humanismus und ihrer Lust an klimatologischen Weltuntergangsszenarien leidet an einem Schuldkomplex, der es ihr unmöglich macht, die Grundlagen, auf denen diese Linke erst so fruchtbar gedeihen konnte, zu erkennen und als schützenswert zu achten. Gerne wird den Rechten und rechtsradikalen Bewegungen der Vorwurf gemacht, die liberale Gesellschaft zu hassen und abschaffen zu wollen. Der beste Helfer der Rechten ist jedoch die westliche Linke, die nur zu gerne bereit ist, in ihrem humanistischen Absolutheitsanspruch alle Werte zur Disposition zu stellen.

Die Überhöhung des Ökologischen, Weiblichen, Offenen und Pazifistischen als Resultat einer Moral der Läuterung verkennt die Bedingung, die für sie zwingend notwendig ist: der demographische Rückgang. Diese Bedingung – nicht die Moral – in die Welt hinaus zu tragen, hätte die vornehmliche Aufgabe von Entwicklungspolitik seit den 1970er Jahren sein müssen. Stattdessen haben sich die Linken dazu entschlossen, die ökologischen, weiblichen, offenen und pazifistischen Gesellschaften mit Menschen aus demographisch extrem wachsenden Kulturkreisen fluten zu wollen und dies als moralisch höherwertige Offenheit verkauft. Der Eindruck, dass dieser scheinbare Humanismus dazu angetreten ist, seine eigenen Bedingungen abzuschaffen, ist nicht von der Hand zu weisen.

Die Stärke der demographisch abnehmenden Gesellschaften ist ihr Wille, dem Leben gegenüber Achtung und Schutz entgegenzubringen. Wenn dann noch – wie in Europa – hinzu kommt, dem Individuum zu freier Entfaltung verhelfen zu wollen und jeden einzelnen Menschen als unverzichtbares Unikat anzuerkennen, entsteht ein beneidenswerter Mix aus biologistischen Voraussetzungen und kultureller Eigenart, der in eine inklusive Wertegemeinschaft mündet, die denjenigen, der dazu gehören will, nicht nach Nationalität, Religion oder Ethnie fragt. Dass diese fragile Stärke, die einem biologischen und ideologischen Abbauprozess entstammt, gegen Feinde sehr anfällig ist und Rahmenbedingungen wie Rechtssicherheit, Frieden, religiöse Indifferenz und vor allem ein freies und provozierendes Geistesleben benötigt, liegt auf der Hand. In Gesellschaften mit ungehinderter Einwanderung haben diese Rahmenbedingungen noch nie existiert, und es ist auch ausgeschlossen, dass sie in offenen Einwanderungsländern je existieren werden. Dazu muss man noch nicht einmal Milton Friedman mit seinem Satz, „man könne offene Grenzen haben oder einen Sozialstaat, beides zusammen gehe nicht“ bemühen.

Im Zuge der Migrationsdramatik 2015 wurde von den Befürwortern, die sich merkwürdigerweise davor oft als größte Kritiker der USA hervorgetan hatten, häufig das Argument ins Feld geführt, die USA seien ein so starkes und dynamisches Land durch die Einwanderung so vieler Fliehender geworden. Gerne zitiert wurden dann die ersten Worte der Inschrift am Sockel der Freiheitsstatue von New York: „Gebt mir eure Müden, eure Armen, eure geknechteten Massen, die frei zu atmen begehren“. Um nun selbst so stark, dynamisch und multikulturell wie die USA zu werden, solle sich Deutschland, solle sich Europa doch bitte ein Vorbild am Einwanderungsgebaren der USA nehmen. Hier liegen einige Missverständnisse vor.

In klassischen Einwanderungsländern, die sich schließlich im Laufe der Zeit dann doch zu geschlossenen Gesellschaften entwickelten – da machen die USA keine Ausnahme, genauso wenig wie Australien oder Kanada – hatte Einwanderung eine klare Funktion: ein leeres Land erst einmal zu besiedeln, um ein Staatsvolk herzustellen. Und besiedelt wurden die USA von Weißen. Schwarze hatten die Funktion von Arbeitssklaven, Asiaten wurden für den Schienenbau benötigt und ähnlich wie Arbeitssklaven gehalten, während die Urbevölkerung brutal verdrängt wurde.

Einwanderungsländer, solange in sie eingewandert werden konnte, waren nie Orte der Ruhe und Beschaulichkeit oder dessen, was man heute Work-Life-Balance nennt. Der Wilde Westen heißt ja nicht wild, weil in ihm Sozialhilfe an die Benachteiligten gezahlt wurde. Einwanderungsgesellschaften sind grundsätzlich zu Brutalität neigende Gesellschaften, was dem Umstand, dass die Einwandernden eben genau jener Jungmännerüberschuss sind, den demographisch wachsende Länder abfließen und auswandern lassen, Rechnung trägt.

Der Argwohn, den heute noch viele Europäer gegen die USA haben, rührt ja auch daher, dass die Brutalitäten in der amerikanischen Gesellschaft durchaus noch anwesend sind. Eines der liebsten Missverständnisse der Europäer bleibt das Verhältnis der Amerikaner zum Waffenrecht, das sich aus wilderen Zeiten, die noch gar nicht so lange her sind, hinübergerettet hat. Darüber moralisch die Nase zu rümpfen, aber Einwanderung á la USA zu fordern, dünkt etwas inkonsistent.

Die Vorstellung, im Amerika der Einwanderungszeit wären Debatten um Unterbringung und finanzielle Ausstattung der „Flüchtlinge" geführt worden, mutet eher naiv an. Wer nach Amerika kam, musste sich selbst unterbringen und ernähren: durch Arbeit, Ersparnisse oder den Zusammenschluss von Gleichgesinnten – was zur Bildung unzähliger Parallelgesellschaften, Gangs und Verbrechersyndikate führte. Es war das eigene Netzwerk, die Familie oder eben der Stamm, der das Überleben sicherte und Fortkommen ermöglichte. Aber die Gesetze dieses Fortkommens waren denkbar roh und alles andere als ökologisch, weiblich, offen und pazifistisch.

Einwanderungsgesellschaften setzen sich noch lange, nachdem sie zu einem Staatsvolk verschmolzen sind, aus Parallelgesellschaften zusammen, die sich erst bekämpfen, dann misstrauen, um schließlich im Zuge des Geburtenrückgangs doch untereinander zu heiraten und Frieden zu schließen. Die im New York der 1950er Jahre spielende ***West Side Story*** beschreibt diesen Kampf unter den verschiedenen Kulturen in den USA ganz ausgezeichnet. Die Perioden, in denen sich die Menschen in Einwanderungsländern zu allererst als Iren, Italiener, Griechen, Deutsche oder Chinesen empfinden, währen über die Gründung des Staatsvolks weit hinaus, wobei verlustreiche Kriege die Entwicklung zu einem homogen empfindenden Staatsvolk unterstützen und sogar abzukürzen helfen. Sich diese Verhältnisse in Europa zu wünschen, zeugt schlechterdings von Zynismus.

Aber das Misstrauen der Linken einem homogenen Volk gegenüber hat sie die Augen verschließen lassen für die Realitäten von Einwanderung. Dabei wird von Volk oder in seiner Abschwächung von Staatsvolk schon gar nicht mehr gesprochen. Selbst die Bundeskanzlerin, immerhin Vorsitzende einer

Partei, die sich lange konservativ nannte, spricht nur noch von „denen, die schon länger hier leben" und „denen, die neu dazugekommen sind". Das Volk wird übergangen zugunsten von Bevölkerungen, die sich aus bestehenden Parallelgesellschaften zusammensetzen. Das ehemalige Volk soll sich zum Stamm unter Stämmen verwandeln, also etwa in ***Deutschländer***, die neben ***Deutschtürken*** und ***Russlanddeutschen*** leben. Statt wie in Einwanderungsländern für die Bildung eines Staatsvolks zu kämpfen, muss in Ländern, die bereits Bestand haben und sich nun dem Humanismus der Offenheit verpflichtet fühlen, der entgegengesetzte Weg eingeschlagen werden: die Konstituierung einer multi-tribalen Ordnung. Sich dagegen aufzulehnen, gilt heute schon als rechtsradikal.

Dabei dürften die Befürworter der ungehinderten Einwanderung und der multikulturellen Gesellschaft doch die Letzten sein, die bereit wären, ihre eingehegten Latte-Macchiato-Refugien den Tribe- und Gang-Auseinandersetzungen von Einwanderungsländern zu opfern. Das überlassen sie nur allzu gerne dem Prekariat, das sich halt mal nicht so zieren soll. Den Glauben, Deutschland könne ein Land der ungehinderten Einwanderung werden mit sozialem Frieden, Wohnungen für alle und strenger Mülltrennung, vertreten sie dennoch offensiv wie ein Mantra. Der grassierende Realitätsverlust so vieler Deutscher lässt nur den Schluss zu, dass diese Menschen nicht in einem Einwanderungsland leben wollen, sondern in einem Einwanderungs-Disneyland, in dem die Folgen von Einwanderung konsequent weiter geleugnet werden dürfen.

Das Narrativ vom ökologischen, weiblichen, offenen und pazifistischen Deutschland leistet dem Realitätsverlust und dem Wunsch, in einem Potemkinschen Disneyland leben zu wollen, Vorschub. Unter der CDU-Kanzlerin Angela Merkel wurde keinerlei Anstrengung unternommen, dieses Disneyland, das so viele Deutsche mit der Wirklichkeit verwechseln, mit wohldosierten Gemeinheiten zu erschüttern. Im Gegenteil: vergleicht man die Diskursoffenheit, die unter ihrem Vorgänger, dem SPD-Kanzler Gerhard Schröder, herrschte, der mit der Agenda 2010, dem Krieg in Jugoslawien und der Entsendung der Bundeswehr nach Afghanistan die Deutschen vor keinem Reizthema verschonte, so wird umso deutlicher, dass Angela Merkel Deutschland in einen diskursiven Dornröschenschlaf geführt hat, der dem Wunsch so vieler Deutscher nach einem heilen und bunten La La Land der Harmonie entspricht.

Vor den großen Sehnsüchten der Deutschen musste sich verantwortungsvolle Politik, die nicht nur auf Wiederwahl und Machterhalt schielt, immer hüten. Das Auseinanderklaffen zwischen Welt und Wunsch hat in der deutschen Geschichte allzu oft zu sehr schmerzhaften Aufwachprozessen geführt. Einen solchen erleben wir gerade wieder.

„Auch gefühlte Risiken erfordern staatliches Handeln."

Bundesinstitut für Risikobewertung in einer
Presseerklärung vom 12. November 2007

3
DAS LINKE DENKEN

Universalienstreit Reloaded

In den meisten Demokratien der westlichen Welt haben sich in den letzten Jahren Bewegungen formiert, die rechts-populistisch zu nennen sich eingebürgert hat. Was der Zusatz ***populistisch*** genau ausdrücken soll, bleibt im Unklaren, denn würde man die US-Demokraten oder die deutsche SPD nicht-populistisch nennen, hätten sie ihre Aufgabe restlos verfehlt.

Im Populismus deutscher Prägung gibt es drei Tabus: Fremdwörter, Schachtelsätze und die Juden. Ansonsten wurde schon an jeden niederen Instinkt appelliert und jede gesellschaftliche Gruppe ins Visier genommen: die Reichen, die Unternehmer, die Arbeitgeber, die Sozialschmarotzer, die Banken, die Arbeitslosen. Angst ist eines der beliebtesten Themen im Populismus: Angst vor Armut, vor Kriminellen, vor Krieg, der Atomkraft, dem Waldsterben, der Klimakatastrophe. Die Entscheidung, welche Ängste nun berechtigt sind und welche nur des Populismus wegen geschürt werden, dürfte so alt sein wie die Demokratie selbst.

Das Wesen von politischen Bewegungen und politischen Parteien ist es, populistisch zu sein, was nichts anderes bedeutet, als ständig die Fahne im Meinungswind der Wählerklientel flattern zu haben und komplizierte gesellschaftliche Sachverhalte so darzustellen, dass auch Menschen, die kein Studium absolviert haben, sie zu verstehen meinen. Wenn es ein wirklich herausragendes Beispiel für Populismus gibt, dann ist es der Atomausstieg der Deutschen 2011. Da ereignet sich in einem 10.000 Kilometer entfernten Land ein fürchterliches Seebeben mit fast 20.000 Toten, in dessen Folge ein Kernkraftwerk havariert, und die deutsche Bundeskanzlerin schaltet am nächsten Tag die deutschen Atommeiler ab. Das hat mit Realpolitik und demokratischer Willensbildung nichts zu tun. Aber es war Wahlkampf in Baden-Württemberg, und die Kanzlerin weiß, wie sehr die Deutschen ihren Wald und ihre Natur lieben und wie ängstlich sie der Kernkraft gegenüberstehen. So geht Populismus.

Man mag Populismus gut finden oder schlecht, er ist konstitutiver Bestandteil einer Demokratie. Und selbstverständlich wird da mit Bildern und Gefühlen gearbeitet, um das politisch scheinbar Richtige zu verdeutlichen und zu verankern. Am Ende geht es in einer Demokratie darum, den geworfenen Anker bei so vielen Menschen wie möglich in das gewünschte Wahlverhalten umzuwandeln. Der Begriff ***populistisch*** als Zusatz zu ***rechts*** ist also schon klassische Herrschaftssprache, die im Subtext signalisieren will, dass bei den Herrschenden Sachlichkeit waltet, während bei der neuen rechten Opposition irgendwelche bösen Gefühle und Unsachlichkeiten im Spiel sind.

Was bei den neuen rechten Bewegungen anders ist als bei den etablierten Parteien, ist ihre Fundamentalopposition. Sie gerieren sich als nicht zum Establishment gehörig und damit als rechtschaffen und ehrlich. Diesen Kniff haben selbstverständlich auch die alten linken Bewegungen angewendet, als sie sich Ende der 1970er Jahre zu den Grünen vereinten. Da waren sie das Anti-Establishment und durften sich jede Ungezogenheit leisten, was damals gerade bei den Medienschaffenden den besonderen Kitzel hervorrief: Man konnte einer kleinen Revolution beiwohnen und fand es toll. 2017 gehören die Grünen längst zum Establishment und sind beim Verunglimpfen der neuen Unetablierten die lautesten. Was aber nichts daran ändert: Auch hier wohnen wir einer Revolution bei.

Die FPÖ in Österreich, die AfD in Deutschland, Geert Wilders in den Niederlanden, der Front National in Frankreich, Nigel Farage mit seinem Brexit in Großbritannien und schließlich Donald Trump in den USA: Die Fundamentalopposition zielt weniger auf das demokratische System, als auf das geschlossene Weltbild der Eliten, das sich durch moralische Hochnäsigkeit, ausgehöhlte Werte, bei denen Anspruch und Wirklichkeit zu weit auseinanderklaffen, einem Klima-Fetisch und Zaudern beim Problem der Völkerwanderungen auszeichnet.

Die Eliten und das Establishment haben viel dafür getan, sich selbst ihrer Glaubwürdigkeit zu berauben. Das hat zum einen Gründe, die in ihrem Populismus zu suchen sind: zu viele Unwahrheiten, zu viele gebrochene Wahlversprechen, zu viele juristische Winkelzüge, zu viele doppelte Standards, die schlicht zu offenkundig wurden. Was aber schwerer zu wiegen scheint: Das Establishment bewegt sich innerhalb einer Wahrnehmungs- und Denkblase, deren Inkonsistenz und Willkür immer mehr Menschen auffällt. Dass die etablierten Parteien ihre selbstgeschaffene Blase nicht mehr wahrnehmen können, hat mit der Übermacht des linken Zeitgeistes zu tun, der in Fleisch und Blut übergegangen ist und Automatismen zeitigt, die sich unterhalb des Bewusstseins abspielen.

Der linke Zeitgeist leitet sich direkt aus der Studentenbewegung Ende der 60er Jahre des letzten Jahrhunderts her, die fast alle Gesellschaften des freien Westens erfasste. Es war zu dieser Zeit, als sich eine neue „Schönheit des Denkens“ herausbildete, die so vollumfänglich und ideologisch war, dass ein Betrachten von Außen mit dem Fortgang der Zeit und dem sich fortlaufend weiter schließenden Weltbild immer schwieriger wurde.

Der Zeitgeist gibt sich gerne als linksliberal, wobei beide Begriffe in ihrer Uneindeutigkeit fast alle Interpretationen zulassen. Links bedeutet im weitesten Sinne barmherzig, und liberal bedeutet irgendetwas mit tolerant und weltoffen. Der verbindende Kleber zwischen dem Linken und dem Liberalen ist der Glaube, dass nur staatliche Strukturen für eben diese Barmherzigkeit und diese Toleranz sorgen könnten. Linksliberal ist alles andere als liberal, wenn man die Verteidigung des Individuums gegen alle staatlichen Zumutungen als das Herzstück des Liberalismus begreift. Linksliberal ist nichts anderes als das neue Links, das sich den Anstrich des Liberalen gibt, weil es sich mit ihm mehr nach Inklusion anhört. Und Inklusion, also die konsensuale Zusammenführung sich widersprechender Kräfte zu einem moralisch besseren Ganzen, ist einer der Schlüsselbegriffe des Linksliberalen. Inklusion hört sich irgendwie nach Mitte an und ein bisschen Mitte sind wir doch alle.

Das alte Links war einmal eine Bewegung des Fortschritts, des Zukunftsoptimismus, der Arbeit. Die aufstrebende Arbeiterklasse war stolz auf den technischen Fortschritt, betrachtete ihn als ihr Werk und als Voraussetzung eines künftigen Wohlstands für alle. Sie wurde von Facharbeitern und Handwerkern wie August Bebel geführt, die einen gerechten Anteil der Proletarier am Wachstum verlangten. Auch nach dem zweiten Weltkrieg war das Programm der Linken: Industrie, Atomkraft, Raumfahrt, Bildungsrevolution, Befreiung vom Muff kirchlicher Sittenwächter, mehr Demokratie. All dies gehörte zum optimistischen Zeitgeist, der Willy Brandt ins Kanzleramt beförderte. Und dann kamen die 68er und ihre Apologeten, die in den 1970er Jahren zu den Grünen wurden. Zukunftspessimismus hatte die Gesellschaft erfasst. Fortschritt war zum – im wahrsten Sinne des Wortes – schmutzigen Begriff geworden.

Die studentische Jugend, die kurz zuvor noch mit revolutionärer Geste in die Zukunft geblickt hatte, lauschte nun Mahnern und Warnern, die den drohenden Weltuntergang beschworen und als Utopie kein besseres Leben, sondern bestenfalls das ***Überleben*** versprachen. Man sorgte sich nun um Bäume, Tiere und das Klima. Freiheit war auf einmal ***out***.

Die Grünen wollten nicht mehr nach oben, an einen Platz an der Sonne; die Grünen wollten die Stagnation, besser noch: den Abbau. Eine ***Kultur des Weniger***[6)] wurde das erklärte Ziel. Sie verabscheuten den Wohlstand und ergingen sich in düstersten Untergangsszenarien.

Die alte Linke begrüßte den Marshallplan, der zum Wiederaufbau Deutschlands und einer florierenden Wirtschaft führte; die neue Linke träumte von einem Morgenthau-Plan, der Deutschland wieder zurück in eine gesunde Agrargesellschaft mit sauberer Luft und gutem Klima führen sollte. Ökologie war das neue Zauberwort, mit dem die neue Linke die alte in den Dornröschenschlaf einer Quäkeridylle zwang. Das ökologische Argument wurde allen anderen politischen Themen übergestülpt, und wer sich nicht zur bedingungslosen Ökologie bekannte, galt bald als Umweltverschmutzer, Klimaleugner, Ressourcenverschwender, Widersacher gegen die Schöpfung, Mörder an der kommenden Generation. Die Ökologie war der Hebel, mit dem die Grünen jeden technischen Fortschritt in die Knie zwangen. Für sie war der technische Fortschritt unästhetisch; der einzige Fortschritt, der zählte, war der moralische.

Gleichzeitig waren die Grünen die erste Generation, die einige Grundannahmen, die in der Studentenbewegung en vogue waren, im Zuge ihres Marsches durch die Institutionen in die Redaktionsstuben, Universitäten und politischen Verbände spülten. Dort setzten sich diese Grundannahmen als letzte Wahrheit fest und begannen das herauszubilden, was den Subtext der heutigen Bildungselite ausmacht: Selbstanklage, Inklusion und der Glaube an strukturelle Gewalt. Über allem jedoch schwebt das Primat der Ökologie.

Dieses neue linke Denken ist kompliziert, dialektisch verschlungen und geht von einigen hochspekulativen Annahmen aus. Dass es sich nicht einfach mal in zwei Sätzen darstellen lässt, hat auch mit dem Umstand zu tun, dass es Herrschaftswissen ist, sich daher gerne als unangreifbar darstellt und seine Methodologie nur ungern aufdeckt.

Kommt der neue linke Zeitgeist nicht bald aus seiner selbstverschuldeten Filterblase heraus, werden auch die Errungenschaften, die er zweifelsohne gezeitigt hatte, dem Verschwinden anheimfallen. Drei Beispiele mögen zuallererst angeführt sein, um die Eigenheit und Merkwürdigkeit des linken Denkens zu illustrieren:

Am 22. Januar 2017, dem Sonntag nach der Inauguration von Donald Trump als 45. Präsident der USA, organisierten Oppositionsgruppen den ***Women's March On Washington***, an dem landesweit mehr als eine Million Menschen teilnahmen. Eine der prominenten Sprecherinnen in Washington, D.C., war die Frauenrechtlerin Donna Hylton. Sie hatte wegen gemeinschaftlichen Mordes an einem 62-jährigen Immobilienmakler, den Donna Hylton mit zwei weiteren Frauen über mehr als zwei Wochen folterte, und dem sie eine Stahlstange ins Rektum führte, 30 Jahre im Gefängnis zugebracht. Nun stelle man sich vor, Hillary Clinton hätte die Wahl gewonnen und Trump-Anhänger versammelten sich zu Protestveranstaltungen, und ein Frauenmörder führte vor laufender Kamera das große Wort gegen die Frauenherrschaft. Würde eine derartige Veranstaltung in den Medien als Kampf aufrechter Demokraten gefeiert werden, oder wäre es nicht vielmehr das schlimmste Zeichen der Reaktion?

Beispiel zwei: Nach dem fürchterlichen Massaker im Namen des Islam an der Redaktion der Pariser Satirezeitschrift Charlie Hebdo eilte die politische Klasse in Deutschland flugs an die Seite der Islamverbände, um ein Zeichen der Solidarität und des Zusammenhalts zu senden. Der Islam, so hieß es, gehöre zu Deutschland und müsse gegen unzumutbare Anschuldigungen geschützt werden. Sticht jedoch ein Rechtsradikaler die Kölner Oberbürgermeisterkandidatin Henriette Reker nieder und der stellvertretende Bundesvorsitzende der SPD, Ralph Stegner, twittert, dass „Pegida mitgestochen“ habe, versammelt sich von der politischen Klasse mitnichten jemand auf der Kölner Domplatte, um mit den Organisatoren von Pegida ein Zeichen der Solidarität auszusenden – mögen die Rechten auch noch so sehr zu Deutschland gehören, wie sie wollen.

Beispiel drei: Am 10. April 2016 versammeln sich die Rechtschaffenen und Gutmeinenden der Kleinstadt Bingen zu einer ***Mahnwache gegen Rechtsextremismus und Ausländerfeindlichkeit***, nachdem einige Tage vorher eine Binger Flüchtlingsunterkunft gebrannt hatte und an ihre Wände Hakenkreuze geschmiert worden waren. Dass die Tat von einem die Unterkunft bewohnenden Syrer begangen worden war, der mit den Hakenkreuz-Schmierereien auf eine falsche – aber sehr deutsche – Fährte führen wollte, stand bereits einen Tag vor der Mahnwache zweifelsfrei fest. Es wurde trotzdem auf das ***Zeichen gegen Rechts*** nicht verzichtet, denn, wie es der Stadtsprecher Jürgen Port so schön formulierte: „Das lohnt sich auf jeden Fall.“*

Die – höflich formulierte – Entzerrung von Anspruch und Wirklichkeit ist auf merkwürdige Weise ein Markenzeichen des linken Zeitgeistes geworden. Jede Tatsache wird derart in das linke Weltbild eingepasst, dass für jeden, der diesem Weltbild nicht anhängt, das Widersprüchliche und die Unverhältnismäßigkeit sofort sichtbar sind. Nur den Vertretern des linken Zeitgeistes scheinen die Widersprüche nicht aufzufallen. Zu geschlossen ist das Weltbild, zu festgefügt die Überzeugungen, als dass die Stimmen von Außen noch eindringen könnten. Dem linksliberalen Zeitgeist ist schlicht der Kompass abhanden gekommen, die angelegten Standards, die doppelt zu nennen eine Untertreibung wäre, noch zu erkennen.

Nun sind Schriften und Bücher zur Methodologie dieses progressiven Denkens leider rar. Meist werden nur die Ergebnisse mitgeteilt: Links ist gut, Rechts ist schlecht. Nächtlich abgefackelte Autos ein Zeichen antikapitalistischen Protests, friedliche Pegida-Demonstrationen dagegen ein Menetekel für Demokratie, Rechtsstaat und überhaupt friedliches Zusammenleben. Bio-Deutsche stehen unter Generalverdacht des Fremdenhasses und anderer übler Seelenregungen, Generalverdacht bei Menschen mit Migrationshintergrund ist dagegen grundsätzlich verboten. Biotope und Natur-Habitate stehen unter größtmöglichem Schutz, alle tradierten menschlichen Formen des Zusammenlebens dagegen zur vollständigen

---

* BILD vom 10.4.2016

Disposition. Angst vor der Flüchtlingspolitik der Bundesregierung ist ***voll besorgter abgehängter Bürger***, Angst vor dem Freihandelsabkommen TTIP oder der Atomkraft dagegen ein Ausweis redlichster Gesinnung, die die Politik flugs exekutieren möge. Man könnte der skurrilen Beispiele unendlich weitere anfügen.

Die Vormachtstellung dieses progressiven linken Denkens hat interessanterweise historische Gründe, die viel mit der Entwicklung der Wissenschaften an sich und der Befreiung von den Religionen zu tun haben. Und der Streit, der auch jetzt im 21. Jahrhundert wieder aufflammt, weil immer mehr Menschen über die Auswüchse dieses progressiven Denkens nur noch den Kopf schütteln können, ist in Wahrheit uralt und durchzieht das abendländische Denken seit dem Mittelalter, vielleicht sogar seit Platon und Aristoteles. Im Mittelalter wurde der Streit ***Universalienstreit*** genannt.

Da ist zum einen die Denkschule, die Mensch und Welt aus einer Einheit heraus zu verstehen versucht und das sie Verbindende zu finden trachtet. Diese Denkschule landet meist bei Gott, Geist und den universalen Begriffen, die der Mensch in sich trage und daher in der Welterkenntnis wiederfinden könne. Platon fasste diese Geisteshaltung sehr schön in dem Satz zusammen, dass alle Erkenntnis ein Sich-Erinnern sei. In dieser Weltanschauung ist der Mensch keine leere Flasche, in die man einfach nur genügend richtige Inhalte hineinzutrichtern habe, sondern ein bereits mit der Geburt gefülltes Gefäß, aus dem man behutsam den Korken der Erinnerung zu lösen habe. Heute würde man diese Denkschule ***Idealismus*** nennen.

Ihr entgegen standen nun Vertreter, die nicht mehr aus einer Einheit heraus denken wollten, sondern die Unterschiede innerhalb der Dinge in den Fokus nahmen. Die universalen Begriffe hätten keine Wirklichkeit, sondern seien nichts weiter als Worte, auf die man sich zur Benennung der Welt geeinigt habe. Begriffe – so die Überzeugung – seien Vereinbarungen zwischen den Menschen und würden durch ständige Einübung gebrauchsfertig, um miteinander kommunizieren zu können. Dieser Denkschule gab man den Namen ***Nominalismus***.

Das für mittelalterliche Verhältnisse Revolutionäre des Nominalismus bestand darin, dass dem konkreten Ding, das sich immer vom allgemeinen Begriff unterschied, der größtmögliche Wert zugesprochen wurde, während dem abstrakten Allgemeinen die Existenz abgesprochen wurde. Einige Jahrhunderte später formulierte diese nominalistische Anschauung Theodor W. Adorno in der Minima Moralia recht lapidar mit den Worten: „Das Leben lebt nicht."

Der Nominalismus sorgte dafür, dass sich der menschliche Blick vom Allgemeinen und Geistigen, das am Ende immer Gott war, abwenden und dem Einzelding zuwenden konnte, und ebnete so den Weg für die moderne Naturwissenschaft und die Infragestellung aller Autoritäten, die sich auf Gott beriefen. Immer mehr trat ein Menschenbild in den Vordergrund, das davon ausging, der Mensch werde leer und unbeschrieben geboren und fülle sich im Laufe seines Lebens mit Inhalt an. Der Mensch trug nicht mehr Gott oder Geist in sich, sondern war frei in der Aufnahme von allem, was in ihn wie in eine leere Flasche eingetrichtert wurde.

Indem der Mensch nicht mehr als Marionette göttlich-geistiger Kräfte, sondern als Einzelwesen in Erscheinung trat, ebnete der Nominalismus gleichfalls den Weg zum heutigen Freiheitsbegriff. Nicht mehr Schicksal und Vorbestimmung machten den Menschen aus, sondern freier Wille und Wahl. Von diesem Schub an neuen Fragestellungen, Erkenntnissen und Freiheiten, die der Nominalismus mit sich brachte, hat sich der Idealismus nie wieder erholt. Das letzte starke Aufflackern erlebte er in den ersten 30 Jahren des 19. Jahrhunderts in Deutschland, die wir uns angewöhnt haben, die Goethezeit zu nennen. Denn sowohl Goethe wie auch das philosophische Dreigestirn Hegel, Schelling und Fichte suchten in ihrem Denken und Wahrnehmen nach der Wirklichkeit der Ideenwelt und gingen von der Grundannahme der Identität zwischen Geist und Welt aus.

Sieht man von dieser kurzen Blüte eines neuen Idealismus im Deutschland der Goethezeit ab, so haben sich im folgenden fast alle wissenschaftlichen und philosophischen Strömungen am Nominalismus orientiert. Man wird heute in modernen Texten schwerlich noch den Begriff ***Geist*** finden. Er wurde entweder auf Hirnströme heruntergebrochen oder als Spiritualität ins Reich des Aberglaubens verbannt. Auch die menschliche Seele ist zur ***Psyche*** mutiert und damit eher ein Fall für die Klinik geworden. Die Anschauung, der Mensch bestehe aus Körper, Seele und Geist wurde restlos dekonstruiert.

Der Materialismus, die Frankfurter Schule, die Kritische Theorie eines Theodor W. Adorno, der Strukturalismus oder in seiner Folge der Dekonstruktivismus – alle Denkschulen orientieren sich seitdem daran, dass alles nur Vereinbarungen zwischen den Menschen seien, die man frei wählen und ändern könne. Damit ist die göttliche Ordnung der Dinge endgültig abgeschafft und die gesellschaftlichen Verhältnisse konnten zu tanzen beginnen. Was für die Gesellschaft gilt, wurde auf alle anderen Lebensbereiche übertragen: Auch in der Sprache offenbart sich nicht mehr etwas Wesenhaftes, Göttliches, Gefügtes, sondern nur noch eine Vereinbarung, die der freien

Veränderung unterliegt. Sprache als Offenbarung des Geistes: Fehlanzeige. Im Jargon der Moderne würde man Sprache ein ***soziales Konstrukt*** nennen.

Dabei kommt es nicht von Ungefähr, dass inzwischen selbst Kategorien der Biologie, wie die der Einteilung in männlich oder weiblich, als ***soziale Konstrukte*** gelten. Man könnte nun geneigt sein, das Denken in sozialen Konstrukten als intellektuelle Spitzfindigkeit abzutun, würde dabei aber übersehen, wie weit sich dieses Denken bereits bis in die kleinsten Verästelungen des Alltags vorgeschoben hat.

Seit die EU 1997 Gender-Mainstreaming zum gemeinsamen Ziel aller europäischen Länder erklärte, ist das Prinzip des Geschlechts als soziales Konstrukt so etwas wie europäische Staatsdoktrin geworden. Die geschlechtliche Zuordnung, so sagen dessen Verfechter, stehe im Ermessen jedes Einzelnen, denn in Wahrheit werde der Mensch unbestimmt und ohne geschlechtliche Festlegung geboren. Hier zählt Simone de Beauvoirs Diktum: „Man wird nicht als Frau geboren, sondern dazu gemacht." Dass die Durchsetzung dieser Anschauung durchaus ernst gemeint ist, kann man den vielen Gender-Lehrstühlen an deutschen Universitäten (und weltweit) entnehmen.

Gender-Mainstreaming soll sicherstellen, dass die Gleichstellung aller Geschlechter in allen gesellschaftlichen Bereichen gefördert wird. Als Geschlechter gelten nicht mehr nur Mann und Frau (Cisgender), sondern auch Homosexuelle, Intersexuelle, Transsexuelle und viele mehr. Gender-Diversity ist das Ziel, und die ihr zugrunde liegende Weltanschauung will sich definitiv nicht auf den universitären Elfenbeinturm beschränken lassen, sondern strebt allgemeinen Geltungsanspruch an. Zwar wurden einige Auswirkungen der jüngsten Zeit – wie die Frauenquote, das Antidiskriminierungsgesetz oder das Verbot freizügiger Werbung – in der Öffentlichkeit kontrovers diskutiert, aber die Installierung von Gender-Mainstreaming ist bereits in vollem Gange.

So stellt Facebook seit einiger Zeit seinen Nutzern insgesamt 60 verschiedene Geschlechter – von A wie Androgyn bis Z wie Zwitter – zur Auswahl anheim. In Berlin werden in öffentlichen Gebäuden Unisex-Toiletten geschaffen, um Transgender-Menschen nicht zu diskriminieren. Und in den grün (mit)regierten Bundesländern Baden-Württemberg und Hessen wurden 2014 die vielen verschiedenen Formen der Geschlechtlichkeit in den Schullehrplänen verankert.

Postulierte Sigmund Freud vor 100 Jahren noch, dass der Mensch die Einsicht in die unabdingbare biologische Geschlechtlichkeit mit Penisneid und Kastrationsangst beantwortet, so scheinen diese hässlichen Gefühle inzwischen überwunden und dem Menschen steht jedes Geschlecht zur freien Verfügung. Die Leugnung biologischer Tatsachen haben die ganz progressiv Eingestellten dann merkwürdigerweise mit den Bibelanhängern und Zeugen Jehovas gemein. Der einzige Unterschied zu den religiösen Fundis: Die von alten weißen Männern erfundene moderne plastische Chirurgie wird bei der Überwindung der Geschlechter nur zu gerne in Anspruch genommen.

Man kann Gender-Mainstreaming als Zeichen der fortschreitenden Individualisierung werten, in der jedem Lebensentwurf und jeder sexuellen Präferenz ein gleichberechtigter Platz in der Gesellschaft eingeräumt werden soll. Dass diese Fragmentierung der Lebensentwürfe, dieser Fetisch des Privaten jedoch den öffentlichen Raum zu bestimmen hat, geht vielen

Menschen inzwischen zu weit. Das Prinzip des sozialen Konstrukts entspricht einfach nicht der Lebenswirklichkeit der Mehrheit.

Fasste man vor gar nicht allzu langer Zeit den Grundsatz der Toleranz in dem Spruch ***jedem Tierchen sein Pläsierchen*** zusammen, so ist inzwischen jedes individuelle Pläsierchen zu einer Forderung geworden, den öffentlichen Raum mit dessen Zeichen zu versehen. Gekämpft wird schon lange nicht mehr um private Lebensentwürfe, sondern nur noch um ihr gleichberechtigtes Eindringen in den öffentlichen Raum. Persönliche Befindlichkeiten und Erregungszustände sind zur Währung geworden, mit der man sich vor den Unerhörtheiten der sich geschlechtlich doch recht eindeutig definierenden Mehrheitsgesellschaft zu schützen weiß. Trigger-Warnungen an Universitäten, die vor unliebsamem, womöglich sexistischem Gedankengut warnen, oder ***safe spaces***, also Sicherheitszonen, in denen diese unliebsamen Gedanken außen vor bleiben müssen, überführen die Fragmentierung der individuellen Lebensentwürfe in eine des öffentlichen Raums, der damit privatisiert wird.

Dabei ist die Sprache, dieses soziale Konstrukt willkürlicher Vereinbarungen, der archimedische Punkt, durch den die herrschenden Verhältnisses verändert werden können. Allein durch geschlechtsneutrale und von Rassismus bereinigte Sprachregelungen kann ein neues, herrschaftsfreies und unendlich tolerantes Bewusstsein in den Menschen erwachsen.

Wenn schon das Geschlecht ein soziales Konstrukt sein soll, dann ist es die Sprache allemal. In ihr Herrschaftsfreiheit zu installieren, ist dann einfach zu verlockend. Wie nur definiert man Herrschaftsfreiheit und wie konnte es kommen, dass eben jene, die die Herrschaftsfreiheit wie eine Monstranz vor sich hertragen, zu denen wurden, die die Herrschaft über die Sprache an sich reißen konnten?

Eine der folgenreichsten Entdeckungen dieses progressiven Denkens ist zweifelsohne die Anschauung der ***strukturellen Gewalt***. Strukturelle Gewalt tritt immer dort auf, wo ein Mensch durch die Strukturen, die er vorfindet, daran gehindert wird, so zu sein und so zu leben, wie er gerne möchte. Schuldhaft an der Verhinderung seines Lebensentwurfs sind die gesellschaftlichen Verhältnisse, die allein durch ihre Existenz schon Gewalt ausüben.

Strukturelle Gewalt steht, auch wenn sie subtiler wirkt, auf einer Stufe mit physischer Gewalt; und oftmals soll dem Einzelnen nur der Griff zur physischen Gewalt bleiben, um sich gegen die strukturelle Gewalt zur Wehr setzen zu können. ***Macht kaputt, was euch kaputt macht***, ist die Zusammenfassung dessen, was die Studentenbewegung 1968 antrieb und was sich schließlich tief in den institutionalisierten Formen der Gesellschaft verankert hat. Das Verständnis für Gesetzesbrecher und Gewalttäter, die vor Gericht nicht selten zu Opfern und Leidtragenden struktureller Gewalt mutieren, ist seitdem Grundlage einer auf Verständnis gründenden und zu Milde neigenden Rechtsprechung.

Es war der schwedische Friedensforscher Johan Galtung, der den Begriff der strukturellen Gewalt 1969 prägte und ihn folgendermaßen definierte: „Strukturelle Gewalt ist die vermeidbare Beeinträchtigung grundlegender menschlicher Bedürfnisse oder, allgemeiner ausgedrückt, des Lebens, die den realen Grad der Bedürfnisbefriedigung unter das herabsetzt, was potentiell möglich ist.“ Um diesen Satz vollständig auskosten zu können, sollte man sich kurz die entscheidende Stellschraube, an der Galtung dreht, vor Augen führen: nämlich die potentiell mögliche Bedürfnisbefriedigung und das, was sie verhindert.

Das potentiell Mögliche wird nicht als eine im jeweiligen Menschen liegende Bestimmung oder Aufgabe gesehen, sondern als Zurverfügungstellung durch die Gesellschaft – oder eben als Verweigerung, die vermeidbar wäre. Entzieht man dem Bild des Menschen jede individuelle Verantwortung und die Fähigkeit, allen Widerständen zum Trotz an einem Ziel festzuhalten, so ist die Idee der strukturellen Gewalt in der Tat ein Blankoscheck für jede Form der gesellschaftlichen Veränderung. Denn Schuld an der Misere des Einzelnen tragen immer die anderen.

Anhand eines einfachen Beispiels kann man Galtungs Idee von struktureller Gewalt verdeutlichen: In kapitalistischen Gesellschaften ist Wohlstand potentiell möglich. Das grundlegende menschliche Bedürfnis nach Wohlstand wird in kapitalistischen Gesellschaften jedoch nicht jedem per se erfüllt. Es liegt also eine Beeinträchtigung vor, die vermeidbar wäre. Ergo: Derjenige, der nicht wohlhabend ist, leidet unter struktureller Gewalt, die man nur auflösen kann, indem man den Wohlhabenderen so lange wegnimmt, bis Gleichheit eingetreten ist.

Da Galtung Friedensforscher war, ist klar, welche Stoßrichtung er verfolgte: Frieden ist nicht nur die Abwesenheit von Krieg und physischer Gewalt, sondern vor allem die Abwesenheit struktureller Gewalt. Die Ausweitung der Kampfzone der physischen, also objektiven Gewalt um eine unsichtbare, in einer metaphysischen Parallelwelt existierende strukturelle Gewalt ist die vielleicht folgenschwerste Entwicklung innerhalb des nominalistischen Denkansatzes. Die Enthebung der Gewalt aus der objektiven Sphäre, in der sichtbare Handlungen den Gewaltbegriff definieren, in eine ***gefühlte Sphäre*** der Ungerechtigkeit öffnet dem Zerfall aller gewachsenen und bestehenden gesellschaftlichen Verhältnisse Tür und Tor.

Alles, was ist, hat seine Bestimmtheit dadurch, dass es anderes nicht ist. Bestimmtheit setzt Ausschluss voraus. Nach Galtung ist vermeidbarer Ausschluss jedoch bereits strukturell gewalttätig und damit unfriedlich. Erst totale Offenheit und absolute Unbestimmtheit einer Gesellschaft wäre die Abwesenheit struktureller Gewalt – ein Gesellschaftsbild übrigens, das sich immer größerer Beliebtheit erfreut und mit Werterelativismus nur ungenau beschrieben wäre. Es geht um nichts weniger als die totale Austauschbarkeit jeder kulturellen Eigenheit. Im globalen Dorf ist alles gleichberechtigt und gleich gültig.

Dass Galtungs Ideen seit Jahrzehnten schon an den geisteswissenschaftlichen Fakultäten mit Überzeugung gelehrt werden, hat schließlich dazu geführt, dass das Unterbinden von struktureller Gewalt der wichtigste Subtext geworden ist, dem die gesellschaftlichen Verhältnisse angepasst wurden und weiterhin werden.

Dass Frauen in Vorständen unterrepräsentiert sind, ist ein Zeichen von struktureller (Männer-)Gewalt. Dass Transgender-Menschen in einem Dilemma bei der Wahl der Toilette stecken, ist ebenfalls ein Zeichen heteronormativer struktureller Gewalt. Dass Vegetarier Unwohlsein beim Anblick von Fleisch im Supermarkt empfinden, ist ein Zeichen struktureller Gewalt einer carnivor eingestellten Gesellschaft. Kritische Auseinandersetzung mit dem Islam ist bereits strukturelle Gewalt einer mehrheitlich christlich geprägten Gesellschaft gegen Moslems. Migranten nicht mit offenen Armen und Teddybären zu empfangen, ist ebenfalls strukturelle Gewalt einer mürrischen Indifferenz, die die Vorstufe zu Fremdenhass ist. Überhaupt geht das Prinzip der strukturellen Gewalt davon aus, dass grundsätzlich die Mehrheit allein dadurch, dass sie Mehrheit ist, bereits Gewalt ausübt und die freie Entfaltung von Minderheiten vereitelt. Das Grundprinzip der Demokratie – der Mehrheitsentscheid – wurde noch nie eleganter ausgehebelt als mit dem Glauben an die strukturelle Gewalt.

Der Beispiele könnte man viele weitere anführen. Aus dem Negerkuss wurde der Schaumkuss, aus dem Zigeunerschnitzel das Paprikaschnitzel und der Rollstuhlfahrer leidet unter struktureller Gewalt, wenn keine rollstuhltaugliche Rampe vorhanden ist, die ihm den Weg in ein Gebäude erleichtert. Gleichzeitig aber leidet der Rollstuhlfahrer auch unter struktureller Gewalt, wenn er in Wahrheit eine Rollstuhlfahrerin ist und sie sich bei der männlichen Form ***Rollstuhlfahrer*** ausgegrenzt fühlt.

Ohne strukturelle Gewalt müsste es heißen: ***Rollstuhlfahrende***. Und genau so heißt es dann auch folgerichtig in der Novellierung der deutschen Straßenverkehrsordnung seit 2013: nicht mehr Fußgänger, sondern ***zu Fuß Gehende***, nicht mehr Radfahrer, sondern ***Radfahrende***. Und aus der Fußgängerzone wird die ***Flaniermeile***. Die Vermeidung dessen, was gemeinhin als strukturelle Gewalt an den Universitäten gelehrt wird, treibt vielerlei bunte Blüten.

Die akademische Linke glaubt, mit der Herrschaft über die Begriffe und Worte auch die Herrschaft über die Gesellschaft insgesamt erringen zu können. An den Universitäten hat in den vergangenen zwei bis drei Jahrzehnten ein Denken die

Vorherrschaft gewonnen, das davon ausgeht, dass alles in der Welt reine gedankliche Konstruktion ist und nur von Worten und unserem Sprachgebrauch zusammengehalten wird. Verändert man die Worte, so die daraus abgeleitete Logik, dann kann man beliebig auch die gesellschaftliche Gesamtkonstruktion und in weiterer Folge das reale Verhalten der einzelnen Menschen verändern. In diesem naiven Glauben wurzelt alles – vom Genderismus bis zu den aktuellen Sprach- und Begriffsneuregelungen.

Die Magie der Sprache, bei der alles im Schattenreich des Mehrdeutigen sich bewegt, wird geopfert zugunsten einer Sprachmagie, die von Zauberlehrlingen betrieben wird, die so eindeutig wie plump sind, und sich anmaßen, durch das Entfernen des Mehrdeutigen das Böse bannen zu können. Was dabei herauskommt, ist ein ***Sprachexorzismus***, der alles heute Unliebsame aus der Erinnerung tilgen will. Universitäten dürfen nicht mehr nach Wissenschaftlern benannt werden, die im Krieg gegen Napoleon Traktate gegen die Franzosen schrieben (Ernst-Moritz-Arndt, Greifswald), Straßen sollen nicht mehr den Namen von Wissenschaftlern (Carl von Linné) tragen, die ein dem heutigen Genderismus zuwiderlaufendes Geschlechtsbild pflegten und Völkerkundemuseen werden in „Museum Fünf Kontinente“ (München) umbenannt, um nicht Erinnerungen an den Kolonialismus wachzurufen.

Wenn Geschichte schon als Besserungsanstalt angesehen wird, dann muss es die Gegenwart allemal. Und am besten die Zukunft gleich mit. Und weil die Linksliberalen heute so viel klüger sind als die Menschen von damals, sollten sie gleich noch die Regeln aufstellen, nach denen zukünftige Benennungen sich zu richten haben: Straßen werden nur noch den Namen x-geschlechtlicher Gender-Lehrender tragen, die sich vegan ernährten und ausschließlich das Fahrrad als Fortbewegungsmittel benutzten.

Aus der Liebe zu Gott wird die Liebe zum Staat

Wer meint, die Idee der strukturellen Gewaltvermeidung um jeden Preis wäre ein Hirngespinst, irrt. Erst kürzlich fragte die Bundeszentrale für politische Bildung, die dem Bundesministerium des Innern untersteht, durch Steuergelder finanziert wird und die Aufgabe verfolgt, „durch Maßnahmen der politischen Bildung Verständnis für politische Sachverhalte zu fördern" – es fragte also diese Bundeszentrale für politische Bildung in einem ihrer Magazine jüngst, ob „Menschen weißer Hautfarbe Dreadlocks tragen dürfen?" Denn so „würden sich Weiße an Elementen anderer Kulturen bedienen."

Allein die Fragestellung mutet schon sonderbar an, wird aber in progressiven Kreisen mit heiligem Ernst diskutiert. Dürfen Weiße Dreadlocks tragen? Oder einen Kimono? Sollte diese Frage auch nur ein Quäntchen Berechtigung besitzen, so müsste man im Gegenzug fragen: Dürfen Japaner Beethoven hören? Dürfen Schwarze Bücher lesen? Vor allem letzte Frage dürfte in diesen Kreisen eher verpönt sein und als übles Zeichen von Rassismus gelten. Woran das liegt? Schwarze gelten den Progressiven als Opfer und Unterdrückte, müssen also in ihren Habitaten und kulturellen Ausprägungen geschützt werden, während die Weißen die strukturelle Gewalt ausüben, als Kolonialisten eine Kollektivschuld tragen und daher die Frage allein schon Rassismus darstellt.

Die Idee der strukturellen Gewalt kann ihre volle Wirkung nur dort entfalten, wo man das Prinzip der ***leeren Flasche*** anwendet, das Individuum also auf ein Gefäß der Verhältnisse reduziert und ihm jeden genuin eigenen Inhalt abspricht. Der

Dreh- und Angelpunkt des nominalistischen Denkens ist nun die Abschaffung (modern: Dekonstruierung) dessen, was man gemeinhin das ***Ich*** zu nennen pflegte. Dieses ominöse ***Ich*** wurde schließlich degradiert zum Gefäß der umgebenden Strukturen, zum Aufnahmebehälter der gesellschaftlichen Konventionen. Die Kategorie des Tragischen gilt als abgeschafft, nirgends ein eigener Wesenskern, nirgends Schicksal, Seele oder Geist.

Psychodynamisch erscheint strukturelle Gewalt als die in ein Gerechtigkeitsparadigma gegossene Todesangst des Menschen. Wenn es etwas gibt, was strukturell gewalttätig ist, dann ist es das Leben: Es führt immer zur Auslöschung. Der große dänische Philosoph Sören Kierkegaard nannte es „die Krankheit zum Tode". Leben ist so ungerecht, und von Beginn an hängt das Damoklesschwert des Endes über jedem von uns. Diese tragische und existentielle Urgewalt nun auf die Gesellschaft zu projizieren und zu meinen, man könne durch sie von ihr befreit werden, führt nicht nur zur vollständigen Überhöhung des Gesellschaftlichen, sondern auch zur Reduzierung der Selbstverwirklichung auf die materiellen Möglichkeiten. Wenn Selbstverwirklichung nicht auf die Verwirklichung des Selbst zielt, sondern auf gesellschaftliche Gleichheit, gelten ungleiche Konsummöglichkeiten als maximal ungerecht. Der Sozialstaat wandelt sich zum Garanten des konsumistischen Selbstbildes.

Das Ich, das einstmals als Epochenwende in der Philosophie galt und auf dem bürgerliche Rechte, Selbstbestimmung und schließlich Freiheit fußten, wurde selbst als Schimäre dechiffriert. Was einem Philosophen wie Fichte noch eine revolutionäre Entdeckung war, wurde den Nachgeborenen zur Erfindung einer zu überwindenden Bourgeoisie.

Diese Entwicklung hatte nur einen klitzekleinen Pferdefuß: Sie entfernte sich maximal vom Selbstverständnis der Mehrheit der Menschen. Noch immer gilt es als Ausweis geistiger und seelischer Gesundheit, wenn der Mensch abends ins Bett geht und am nächsten Morgen trotz Schlafes Unterbrechung weiterhin weiß, dass er derselbe ist wie am Vorabend. Dieses Kontinuum des Bewusstseins, diese Identität empfindet der Mensch als Evidenz und ist geneigt, diese Gewissheit ***Ich*** zu nennen. Die Abschaffung des ***Ich*** ist dann ungefähr so nachvollziehbar wie die scholastische Antwort auf die Frage, wieviele Engel auf eine Nadelspitze passen.

Die maximale Entfernung vom Selbstverständnis der Mehrheit der Menschen ist noch kein Beweis für die Richtigkeit oder Falschheit einer Annahme. Aber sie ist vor allem in den soziologischen Wissenschaften, die das Zusammenleben der Menschen zum Untersuchungsgegenstand haben, eine überraschende Entwicklung. Spricht man dem Menschsein nun seine Ich-Fähigkeit ab, so verrät man das Individuum zugunsten einer es tragenden und umspannenden Struktur. Die Funktion, die ehedem Gott und Geist einnahmen – nämlich über den Einzelnen zu wachen und ihn zu lenken – und gegen die der Nominalismus aufzubegehren begonnen hatte, wurde im 20. Jahrhundert wiedergeboren als ***Gesellschaft*** und ***Staat***. Auf diese nun den größtmöglichen Einfluss zu nehmen, erscheint nur folgerichtig.

Es soll nicht mehr der Mensch sein, der seines eigenen Glückes Schmied ist, sondern es sind die Verhältnisse, die über Wohl und Wehe entscheiden. Und für die Richtigkeit der Verhältnisse, für die Abwesenheit struktureller Gewalt kann logischerweise nur einer sorgen: ein starker Staat, der sich als weise Vormundschaft versteht, die meint besser zu wissen, was gut für einen ist als man selbst.

Hatte der Nominalismus bei seinem Aufkommen im Mittelalter einen großartigen Spin zur Freiheit, so hat er inzwischen den unaufhörlichen Drall zu einem immer größer und stärker werdenden Über- und Nannystaat.

Ist der nominalistische Denkansatz also falsch? Mitnichten! Was wir Menschen, wenn wir ***Ich*** sagen, als Evidenz und Identität begreifen, gerinnt bei Nachfrage wirklich zu einer Schimäre. Auf die einfache Frage: ***Wer bist Du?*** gibt es eben keine einfache Antwort. Daraus zu schließen, das ***Ich*** sei nur eine Konvention, ist aber dann doch eine Entscheidung, die genauso zulässig ist wie die entgegengesetzte: ***Das Ich wird als Evidenz erlebt und deshalb setze ich es als gegeben.*** Soviel freie Auswahl muss sein.

Nun zu meinen, der Nominalismus könnte widerlegt werden, wäre in Anbetracht des fast tausend Jahre währenden Geistesstreits so vermessen, wie Aristoteles mit Platon widerlegen zu wollen. Es geht auch nicht darum, den Nominalismus zu widerlegen, sondern ihm wieder seinen Zwilling, die Denkrichtung des Verhältnismäßigen und der Identität zwischen Welt und Geist zur Seite zu stellen. Denn so, wie man sich vielleicht das Geschlecht nicht wählen kann, sondern in eines hineingeboren wird, so vollzieht sich auch das Denken des Menschen mit einer gewissen Gesetzmäßigkeit, die etwas Konstitutives oder Schicksalhaftes hat. Die einen denken in das Einzelne hinein und atomisieren ihre Wahrnehmungen, die anderen denken aus der Identität und rücken das Verbindende in den Vordergrund. Und beide Denktraditionen sind so alt wie das Denken selbst.

Mit dem Siegeszug der Naturwissenschaften, die sehr deutlich von einem atomistischen Denken durchzogen sind, verlor das Denken aus der Identität an Bedeutung und akademischem Rückhalt. Die Fragen, die die nominalistisch geprägte Naturwissenschaft sich nicht mehr zu stellen traut, bleiben für den Menschen jedoch weiterhin aktuell: ***Woher komme ich, wer bin ich, wohin gehe ich.*** Sie der Unbeantworbarkeit zu überlassen, hat zu einer Verarmung des akademischen Diskurses beigetragen.

Um die Vormacht des Nominalismus zu brechen, sollte man ihn an seiner größten Stärke, die gleichzeitig seine größte Schwachstelle ist, vorführen: an seiner Tendenz, sich jeder Festlegung entziehen und alles in wabernden Strukturen auflösen zu wollen.

Festlegung ist bereits Exklusion und damit ein Zeichen struktureller Gewalt. Deutlich definierte Begriffe ängstigen die Progressiven, denn jede Definition zieht Grenzen, und Grenzen sind unmenschlich. Es ist kein Zufall, dass das deutsche „Flüchtlingsmärchen 2015“ vor allem eine Bestätigung des entgrenzenden Denkens war.

Und nun sind es die Rechten, die sich anschicken, die Linken mit ihren eigenen Waffen zu schlagen. Das etwas infantil wirkende ***Ätschi-bätsch*** der Linken, dass es keine Wahrheiten und keine universalen Werte gäbe, dass stattdessen jede Behauptung in ihrem kulturellen Kontext zu betrachten und jeder Wert ein sozial konstruierter sei, wenden die Rechten nun gegen die linken Werte an.

Wenn alle Wahrheiten nur subjektiv sind, wenn selbst das Geschlecht zum sozialen Konstrukt mutiert, dann kann man diese Gesetzmäßigkeit auch auf die linken Wahrheiten anwenden. Die Klimakatastrohe? Nichts als eine Vereinbarung unter Öko-Apokalyptikern! Gender-Sprache? Eine freie Vereinbarung, die so frei ist, dass sie hiermit als aufgehoben gilt.

Du wirfst mir vor, die Tatsachen zu leugnen? Hast du nicht behauptet, die gäbe es gar nicht? Nun, wenn alles nur konstruiert ist, dann konstruiere ich mir jetzt eben mal mein eigenes Klima, meine eigene Sprache, meine eigenen neuen Werte, meine eigene Wahrheit. Das Postfaktische galt dem linken Zeitgeist lange als bahnbrechende Erfindung: Nichts ist wahr und alles ist möglich. Dieser Grundsatz progressiven Denkens reißt den linken Zeitgeist gerade in den Strudel, den er selbst geschaffen hat.

Die Stärke des nominalistischen Denkens war und ist die Auflösung und das Dekonstruieren von bestehenden Strukturen und Sicherheiten. Das positive Setzen passt ihm jedoch gar nicht und wenn, dann fallen ihm nicht mehr als Sonntagsreden und Allgemeinplätze ein. Dazu werden ***Trigger-Begriffe*** geschaffen, die kompliziert klingen, aber in Wahrheit nichts aussagen. Diese Trigger-Begriffe sollen kritisches Denken andeuten, sind aber nicht mehr als Schwalben in einem Strafraum, um einen Elfmeter zu schinden. Ihnen eigen ist die inhaltliche Unkonkretion und Butterweichheit: Vielfalt, Verschiedenheit, Offenheit, Toleranz, Körperlichkeit; es wird in Kreisen, Chiffren und Codes gedacht und man zieht aus der wabernden Undeutlichkeit, die sich jeder Festlegung entzieht, bereits die moralische Überlegenheit.

Und der Verdacht der Gutmeinenden ist ja auch richtig: Wer denkt, neigt grundsätzlich einer gewissen Intoleranz zu. Denn

Denken bedeutet, an der Triftigkeit von Argumenten, an der Plausibilität von Überzeugungen, an der Vernünftigkeit von Deutungen, an der Überprüfbarkeit von Behauptungen festzuhalten und sie nicht vorschnell einer inkonsistenten, unlogischen oder träumerischen Offenheit zu opfern. Wer denkt, unterwirft sich dem Gesetz, das Falsche abzulehnen. Ablehnung jedoch ist das Gegenteil von Toleranz.

Statt inhaltlich konsistente Aussagen anzustreben, dabei logische Widersprüche aufzulösen und sie in Handlungen zu gießen, geht es den Linken darum, ***Zeichen zu setzen***, also Codes zu entsprechen, mit denen man sich zu den Rechtschaffenen meint zählen zu dürfen. Dabei ist oftmals schon die häufige Nutzung der Trigger-Begriffe Ausweis genug, zu eben jenen zu gehören, die sich das Sprechen noch erlauben dürfen. Arbeit am Begriff, Konkretion und Widerspruchsfreiheit dagegen sind bereits Anzeichen der Reaktion.

Die Vermeidung des Konkreten wirkt dabei fast wie das religiöse Bilderverbot. Man darf alles stürzen, aber sich kein neues Bild machen. Einer der Initiatoren der Kritischen Theorie, Max Horkheimer, setzte dieses Bilderverbot als höchste Form der Kritik: „Die Kritische Theorie sagt: Du kannst zeigen, was das Schlechte ist und versuchen, es zu überwinden, aber Du kannst das Allerletzte und Höchste nicht darstellen."* Es könnte sich durchaus herausgestellt haben, dass trotz dieser apodiktischen Aussage der Verzicht auf das Bild des Positiven zur größten Faulheit der Linken mutiert ist, denn neben dem Allerletzten und Höchsten gäbe es ja noch das Vorletzte und Nächsthöhere, das zumindest ab und an mal aufscheinen könnte.

---

* In einem Interview mit Hellmuth Karasek, Hessischer Rundfunk 1969

Die Begriffe, die von den Progressiven am liebsten benutzt werden, sind daher so inhaltsleer wie unangreifbar. Ihre Nutzung scheint einem atavistischen Gesetz zu unterliegen: Je öfter und lauter das Negative verdammt wird, desto deutlicher muss doch das Gute in Erscheinung treten.

Mit der leierhaften Wiederholung der immer gleichen Trigger-Begriffe werden die Guten, die nicht aufhören können zu nicken, von den Bösen, die sich ob der intellektuellen Zumutung wegdrehen, geschieden. Der merkwürdige Umstand, dass gerade die in ihrem eigenen Selbstbekunden „Kritischen" unter den deutschen Geistern diejenigen sind, die am schnellsten und schönsten ***mit allen anderen gegen den Strom schwimmen***, rührt daher, dass sie mit ihren leeren Codes einen Gewissensschwarm schaffen, dessen Hinterfragen bereits ein Ausweis struktureller Gewalt wäre.[7)] Um dieses Hinterfragen zu vereiteln, werden dann an den Universitäten safe spaces eingerichtet, in denen dieser Gewissensschwarm unter sich bleiben darf.

Als die Silvesterereignisse in Köln und anderen deutschen Städten an die Öffentlichkeit gelangten und ein ungeahnter Gewalt- und Erniedrigungsausbruch gegen hunderte von Frauen sichtbar wurde, hätte man meinen können, der moderne Feminismus, der durch Galionsfiguren wie Anne Wizorek repräsentiert wird und sich ***Netzfeminismus*** nennt, würde am lautesten auf die Schrecklichkeiten, denen die Frauen ausgesetzt waren, hinweisen und auf Abhilfe drängen. Aber just in diesem Milieu blieb es auffallend lange still. Man konnte fast den Eindruck gewinnen, als wäre es diesen neuen Feministinnen eher unangenehm, dass die Silvesterereignisse thematisiert würden, obwohl doch vornehmlich Frauen betroffen waren.

Der Netzfeminismus, für den Alice Schwarzer bereits eine Rassistin ist, soll ein moderner Feminismus sein, der das Netz – also die digitalen Medien – für sich zu nutzen weiß und sie zur Aufschaukelung einsetzt. Diese sich selbst verordnete Virtualität reagiert zwar ausgezeichnet auf virtuelle Probleme, ist aber dementsprechend hilflos, wenn die Probleme real werden.

Virtuelle Probleme seien hier als Probleme definiert, die sich jenseits der Justiziabilität befinden, und die erst innerhalb nicht-linearer Systeme (z.B. sozialer Netzwerke) eine Dynamik entfalten, um als Probleme wahrgenommen zu werden. Die mitternächtlichen Aussagen eines angeschickerten FDP-Politikers, der die Dirndltauglichkeit seiner Gesprächspartnerin an einer Hotel-Bar kommentiert, sind ein solches ausschließlich durch das Aufschaukeln im Netz funktionierendes virtuelles Problem. Massenhafte Vergewaltigungen in der Silvesternacht sind dagegen ein völlig reales Problem, deren Aufschaukeln in den digitalen Medien diese Netzfeministinnen dann jedoch nur mit Missbilligung zur Kenntnis nehmen können. Denn hier wäre eine konkrete Reaktion verlangt, die dem dekonstruierten Ich allergrößtes Unbehagen bereitet und zu argumentativen Juckreizattacken führt.

Es waren zwei aufrechte Feministinnen der Tageszeitung TAGESSPIEGEL, die bereits neun Tage nach den von Politik und Medien am liebsten totgeschwiegenen Silvesterereignissen 2015 mutmaßten, dass „womöglich aber auch Frauen dabei [sind], die gar nicht Opfer geworden sind, sondern aus politischer Überzeugung der Meinung waren, dass die Täter mit Migrationshintergrund oder die Flüchtlinge, die das Chaos auf der Domplatte für sexuelle Übergriffe ausgenutzt haben, abgeschoben gehören. Das hoffen sie womöglich mit einer Anzeige zu beschleunigen.“

Das alte Männer-Narrativ, Frauen würden ja nur aus Männerhass bei der Polizei Anzeige wegen Vergewaltigung stellen, feierte im Jahr 2016 als Feministinnen-Narrativ fröhliche Urständ: Frauen stellen ja nur aus Ausländerhass bei der Polizei Anzeige wegen Vergewaltigung.

Das von allen Linken postulierte Diktum des herrschaftsfreien Denkens gebiert eine neue Hierarchie: Wer Opfer ist, hat immer Recht, aber: Ein ***Opfer der Verhältnisse*** steht in der Hierarchie über einem Opfer realer Gewalt. Die Entscheidung, wer nun das größere Opfer sein darf, wird dabei von den Tätern abhängig gemacht. Sind sie selbst die Opfer struktureller Gewalt (was Migranten grundsätzlich sind), so haben ihre realen Opfer das Nachsehen. Übrigens: Diesem Subtext der Opferhierarchie folgen bei Migranten auch sehr viele Richter, deren milde Urteile oftmals überraschen. Die vielen Bewährungsstrafen bei Verbrechen von Zugewanderten, die schwerste Gewalt und sexuelle Übergriffe betreffen, kann man als Zufall abtun, oder aber als langsam offenbar werdender Subtext eines ***positiven Rassismus***, den man auch ***negativen Selbst-Rassismus*** nennen könnte.

Die Opferhierarchie folgt einer einfachen Logik: Je größer die Überschneidungen mit den Lebenswirklichkeiten der Mehrheitsgesellschaft sind, desto weniger Empathie muss gezeigt werden. Die Überhöhung des Fernst- und Fremdestmöglichen war ja schon in den Begrüßungsritualen auf den Hauptbahnhöfen deutscher Städte, als die ersten Migrationswellen im August 2015 das Land erreichten, angelegt. Wie Popstars wurden die jungen Männer aus den islamischen Gesellschaften willkommen geheißen. Die Vorstellung, den Bürgerkriegen entflohene weiße Ukrainer oder christliche Georgier wären mit der gleichen Inbrunst empfangen worden, mag sich nur schwer einstellen. Ganz schien es so, als könnten die Gutmeinenden ihr Glück, ganze Kohorten neuer Opfergruppen, die sie gegen die Arroganz der Mehrheitsgesellschaft in Stellung würden bringen können, kaum fassen. Denn in ihrer Welt aus Selbstverachtung und Helferwollust gibt es nur eine Sicherheit: je fremder, desto Opfer.

Und noch ein letzter Hinweis sei erlaubt, ohne den viele der Diskussionen um rechte Gewalt und einen gerne gepflegten Generalverdacht gegen Bio-Deutsche nicht zu verstehen sind. Die Steigerung von ***Opfer der Verhältnisse*** ist nur ein ***Opfer der Verhältnisse, das realer Gewalt ausgesetzt ist von Menschen, die die Machtmittel zu struktureller Gewalt besitzen***. Übersetzt bedeutet das: Mitglieder von Minderheiten, die von Mitgliedern der Mehrheitsgesellschaft real angegriffen werden, stellen die Höchstform der Erregungsmöglichkeit dar. Bei dieser Kombination tickt dann die Gemeinde der moralisch Hochbegabten regelmäßig aus und initiiert Lichterketten und Mahnwachen.

Ein Meister dieses Opferdenkens ist Jakob Augstein, der wöchentlich in einer SPIEGEL-ONLINE-Kolumne sein Denken in die Welt schicken darf. In einem Facebook-Post vergleicht er die Silvesterereignisse von Köln mit einem Vorfall im sächsischen Clausnitz, bei dem ein fremdenfeindlicher Mob einen Flüchtlingsbus umstellt hatte und die Polizei anrücken musste, um die Flüchtlinge sicher in die Unterkunft zu geleiten. Augstein kommt zu dem Ergebnis, Clausnitz sei schlimmer gewesen. Denn: „Die Opfer von Köln waren ihren Tätern im unmittelbaren Moment der Tat unterlegen. Jene Frauen waren ohnmächtig und hilflos genau in dem Augenblick, als sie bedrängt und bestohlen wurden. Sie waren davor und danach ihren Tätern weit überlegen. Den Opfern von Clausnitz geht es anders: Sie sind ihren Tätern vor der Tat unterlegen, sie sind es während der Tat, und sie werden es hinterher sein. Sie sind immer unterlegen. Der Rechtsbruch von Köln brachte für einen kurzen Moment einen Bruch der Hierarchie mit sich, eine Umkehr der wahren Machtverhältnisse. Das liegt daran, dass in diesem kurzen Moment das Verhältnis zwischen Opfer und Täter auf die Maßeinheit der physischen Fähigkeit reduziert war. In ungefähr allen anderen Hinsichten waren und sind die Opfer von Köln ihren Tätern überlegen: Sprache, Staatsangehörigkeit, Bildung, sozialer Status, Vermögen, Rechtssicherheit, Selbstbewusstsein ..."*

Nun kann man überrascht sein über all das, was der Jakob Augstein da zu wissen meint, ganz so als kenne er Bildung, sozialen Status und Vermögensverhältnisse sowohl der Opfer wie der Täter. Diese Leistung haben noch nicht einmal die deutschen Gerichte fertig gebracht. Aber im Resultat bedeutet das: Aggressive Pöbeleien von Deutschen sind weitaus schlimmer als Vergewaltigung, sexuelle Nötigung und Raub durch Migranten. Mit Grundgesetz und deutschem Recht hat diese Moral fast nichts mehr gemein.

Wer sich nun fragt, warum die politisch-mediale Elite nach islamistischen Terrorattacken sofort an die Seite der Islamverbände eilt, um irgendwelche Zeichen zu setzen, erhält hier eine der möglichen Antworten: Islamverbände vertreten eine (durch die allein zahlenmäßig überlegene Mehrheitsgesellschaft unterdrückte) Minderheit, weswegen die Solidarisierung mit ihnen so not tut.

---

* Zitiert nach FAZ vom 26.2.2016

Wenn ein rechtsradikaler Totschläger eine Kölner Oberbürgermeister-Kandidatin mit dem Messer angreift, heißt es sofort: Pegida habe mitgestochen. Auf die Idee, sich mit den Organisatoren von Pegida auf der Kölner Domplatte zu versammeln, um irgendwelche Zeichen der Solidarität auszusenden, würde wirklich niemand, der in diesem Land noch eine politische oder mediale Zukunft haben will, kommen. Auf das Äquivalent, dass die Islamverbände in Paris oder Brüssel mitgebombt hätten, jedoch ebenfalls nicht. Nie war das postfaktische Doppelmaß komplizierter als heute.

Wie wirkmächtig dieser Subtext der Opferhierarchie ist, wurde am Tag der deutschen Einheit 2016 deutlich, als sich die deutsche Bundeskanzlerin mit dem Imam einer Dresdner Moschee traf, auf die einige Tage vorher ein Brandanschlag verübt worden war. Damals waren die Täter noch unbekannt, wenn auch mutmaßlich mit fremdenfeindlichem Hintergrund. Die Geste der Kanzlerin: Anteilnahme.

Bei den 15 Verletzten des von einem syrischen Flüchtling verübten Sprengstoffanschlags in Ansbach einige Wochen vorher mussten die Kondolenzbesuche der Kanzlerin am Krankenbett leider ausfallen. Bei den Opfern des Terroranschlags am 19. Dezember 2016 in Berlin ebenfalls. Die Geste: Gleichgültigkeit. Die mögliche Erklärung: Wo gehobelt wird, da fallen Späne.

Werden deutsche Bürger von Bürgern mit Migrationshintergrund vergewaltigt, ins Koma getreten oder vom Leben zum Tode befördert, ist zwar das Entsetzen in der Bevölkerung groß, die politische Elite jedoch stuft solcherart Fälle recht grundsätzlich als „Einzelfälle“ ein. Wird ein Bürger mit Migrationshintergrund von einem oder mehreren Bio-Deutschen attackiert – Tote gab es seit dem Ausbruch des „Flüchtlingsmärchens“ keine (Stand April 2017) – sind Mahnwachen, Lichterketten und Friedensappelle das Mindeste, was organisiert werden muss. Die einzige Erklärung: Für die meinungsgebende Linke gibt es wichtige Opfer (Minderheit, Fremde) und es gibt unwichtige Opfer (Mehrheit, Einheimische, Rechte).

Im Deutschland des Jahres 2017 kann man sich absolut sicher sein, zu den Gutmeinenden zu gehören, sofern man diesen kleinen Dreh beherrscht: Der Minderheit ist immer der Vorzug zu geben vor der Mehrheit und Verfehlungen von Mitgliedern der Mehrheit fallen auf das Kollektiv zurück, während Verfehlungen von Mitgliedern der Minderheit grundsätzlich Einzelfälle sind. Damit soll dann wahre Demokratie und allerschönste Offenheit erreicht sein.

Nicht mehr das Individuum erscheint am Horizont, sondern nur noch seine Zugehörigkeit zu einer Gruppe. Die Frage nach dem ***Wer bist du?*** wurde verdrängt von der Frage ***Welcher Minderheit gehörst du an?*** Das mag das Gerechtigkeitsempfinden der Mehrheitsgesellschaft und den Rechtsfrieden einer Demokratie aushöhlen, dem Applaus – vor allem auch der medialen Elite – steht dann jedoch nichts mehr im Weg. Ob als Politiker, Journalist oder Kunstschaffender, wer diesen Dreh der Minderheitenfürsorge beherzigt, dem werden wohlwollende Besprechungen und viele, viele Toleranzpreise sicher sein.

Wenn die Zugehörigkeit zu einer Minderheitengruppe darüber entscheidet, ob Anliegen Gehör finden oder nicht, wird eines der konstitutiven Elemente der Demokratie ausgehöhlt: dass die Mehrheit entscheidet. Wo versucht wird, alle, die bei Drei noch nicht auf dem Baum irgendeiner geschützten Opfergruppe sind, im öffentlichen Diskurs zu benachteiligen, entstehen Wut und Zorn auf ein System, das nicht mehr hält, auf was es konstitutiv aufbaut.

Es wird allenthalben kolportiert, wahre Demokratie entscheide sich an ihrem Umgang mit Minderheiten. Dass diese Einstellung einer Verbands- und Interessengruppendemokratie das Wort redet, wird schon gar nicht mehr zur Kenntnis genommen. Demokratie lebt aber nicht vom Schutz der Minderheiten, sondern vom Schutz des Individuums. Dass dieses im Verschwinden begriffen ist, muss als größter Vorwurf an die Progressiven gelten, die damit ein Projekt der Antimoderne vorantreiben, das schon seit einem Jahrhundert Europa zwischen den verschiedenen Formen des Sozialismus hin- und hertaumeln lässt. Denn die Abschaffung des Einzelnen ist die Verbindungsnaht zwischen den ganz linken internationalen und den ganz rechten nationalen Sozialisten.

In einer Rede vom 24. März 1946 führt Konrad Adenauer in der Aula der Universität Köln diesen Gedanken aus: *Der Nationalsozialismus hat uns unmittelbar in die Katastrophe hineingeführt. Das ist richtig. Aber der Nationalsozialismus hätte in Deutschland nicht zur Macht kommen können, wenn er nicht in breiten Schichten der Bevölkerung vorbereitetes Land für seine Giftsaat gefunden hätte. Ich betone, in breiten Schichten der Bevölkerung. Es ist nicht richtig, jetzt zu sagen, die Bonzen, die hohen Militärs oder die Großindustriellen tragen allein die Schuld. Gewiss, sie tragen ein volles Maß an Schuld, und ihre persönliche Schuld, deretwegen sie vom deutschen Volk vor deutschen Gerichten zur Rechenschaft gezogen werden müssen, ist um so größer, je größer ihre Macht und ihr Einfluss waren. Aber breite Schichten des Volkes, der Bauern, des Mittelstandes, der Arbeiter, der Intellektuellen, hatten nicht die richtige Geisteshaltung, sonst wäre der Siegeszug des Nati-*

onalsozialismus in den Jahren 1933 und folgende im deutschen Volk nicht möglich gewesen. Das deutsche Volk krankt seit vielen Jahrzehnten in allen seinen Schichten an einer falschen Auffassung vom Staat, von der Macht, von der Stellung der Einzelperson. Es hat den Staat zum Götzen gemacht und auf den Altar erhoben. Die Einzelperson, ihre Würde und ihren Wert hat es diesem Götzen geopfert.

So wie die Rechten den Einzelnen an die Rasse, das Blut und die Heimat ausliefern, haben die Linken das Individuum an ihren neuen Gott, an die Struktur und den Überstaat, ausgeliefert und es restlos verraten. Die Frage, wie sich die Gesellschaft zu verändern hat, damit sich der Einzelne selbstverwirklichen kann, muss wieder vom Kopf auf die Füße gestellt werden: Wie muss sich der Einzelne verändern, um sich selbst verwirklichen zu können? An diesem Paradigmenwechsel wird sich die Zukunft des freien Westens und seiner Demokratien entscheiden, deren Tendenz, die Mehrheitsgesellschaft zugunsten von organisierten Minderheiten zu vernachlässigen, der Demokratie schweren Schaden zufügt. Wenn die Progressiven das nicht bald verstehen, werden sie vom Strom der Geschichte hinweggespült werden, denn dann ist ihre Zeit vorbei. Und das ist gut so.

„Wer nicht für Merkel ist, ist ein Arschloch."

CDU-Generalsekretär Peter Tauber im November 2015
zu parteiinternen Kritikern der Kanzlerin

4
DIE GROSSE ÖFFNUNG

Unterlassung als Politik

Das Jahr 2015 zeichnet sich für Europa und für Deutschland in seinen historischen Dimensionen viel weniger durch das aus, was getan wurde, als durch das, was nicht getan wurde. Das Unterlassen und Aufschieben von Problemen und ihren Lösungen hatte sich schon seit Jahren zu so etwas wie einem Markenkern der Europäischen Union herausgebildet. Ob Syrien-Konflikt, Ukraine-Krise oder Euro-Rettung – die Hilflosigkeit der europäischen Politiker mutete oft genug wie eine Mischung aus Feigheit und Faulheit an. Statt Kurskorrekturen vorzunehmen oder grundsätzliche Richtungsänderungen zu entscheiden, war die Strategie immer die, alles weiterlaufen zu lassen, wie es war, und die aufkommenden Probleme mit Geld zuzuschütten, bis sie zwar nicht gelöst, aber doch aus dem Blickfeld verschwunden waren. Zumindest eine gewisse Zeit lang.

Das Agieren im Syrien-Konflikt war armselig, die Diplomatie in der Ukraine-Krise erinnerte an imperiale Gepflogenheiten. Und während die europäischen Länder des Südens eines nach dem anderen wirtschaftlich und gesellschaftlich abschmierten, pumpten die Nutznießer des Euro ungeheure Geldmengen in ein marodes Bankensystem, das sich genussvoll auf dem Sofakissen des „too big to fail“ ausruhen konnte. Die Beteuerungen, bei Europa handele es sich um eine Wertegemeinschaft, wurden immer hohler, und Werte wie Freiheit, Demokratie und Selbstverwirklichung des Individuums erodierten zunehmend. Ein Europa, das sich aufgeschwungen hatte, zu einem halbautoritären Überstaat zu werden, verspielte den Rückhalt in der Bevölkerung so radikal, dass die größte Angst der Berufseuropäer die vor Volksentscheiden in ihren Mitgliedsstaaten wurde. Das Votum der Briten 2016, den Austritt aus der Europäischen Union dem Verbleib vorzuziehen, war dann der vorläufige Höhepunkt einer Entwicklung, die man einerseits bedauern mag, die aber andererseits mit so deutlicher Ansage kam, dass man sich nur darüber wundern konnte, in welchem Gleichschritt die politischen Eliten Europas sich darauf geeinigt hatten, die Unkenrufe überhören zu wollen.

Historiker dürften das Jahr 2015 zum ***Schicksalsjahr Europas*** erklären. Es war in der Hauptsache durch zwei Ereignisse geprägt, die eng miteinander zu tun haben. In der ersten Hälfte des Jahres beschäftigten sich die politischen Eliten Europas fast ausschließlich mit dem, was den Bürgern als „Griechenland-Rettung" verkauft werden sollte, freilich ohne dass es je zu einer Rettung gekommen wäre. Am 19. August 2015 gaben die EU-Finanzminister dem dritten milliardenschweren Hilfspaket für Griechenland ihre Zustimmung. Keine Woche später wurde die Geldkrise durch die Einwanderungskrise in der Mitte Europas abgelöst.

Beide Krisen haben sehr direkt mit dem kleinen Land im Südosten Europas zu tun, denn auch die Menschen, die man fortan „Flüchtlinge" zu nennen gezwungen wurde, strömten vornehmlich über Griechenland in den Norden. Der Preis für die Gemeinschaftswährung, den die Griechen mit der Verarmung ihrer Bevölkerung zu bezahlen hatten, wurde etwas gerechter verteilt, indem andere Länder in der Mitte Europas – allen voran Deutschland, das Hauptnutznießer des Euro ist – in der zweiten Hälfte des Jahres mit den Lasten der „Flüchtlingskrise" beladen wurden. Hier eine Absprache zu unterstellen – die einen gehen fast pleite, während die anderen ein bisschen bunter und islamischer werden – verbietet natürlich die

Höflichkeit, auch wenn der griechische Innenminister bereits im März 2015 damit drohte, „Flüchtlinge nach Deutschland zu schicken“.*

Dabei hatte sich die Wanderungsbewegung aus den Flüchtlingscamps in der Türkei schon länger abgezeichnet. Die UN-Flüchtlingsorganisation, der UNHCR, klagte bereits 2014 lautstark über etliche Milliarden an zugesagten Hilfsgeldern, die jedoch nie beim UNHCR eingetroffen waren. Währenddessen verschlimmerten sich die Bedingungen in den Flüchtlingslagern von Tag zu Tag dramatisch. Mitteilungen, Warnungen und Depeschen, die selbstverständlich auch die Bundesregierung erreichten, gab es genügend.

Es werde sich – so lauteten die Warnungen – eine Bewegung in Gang setzen, wenn man es nicht schaffe, die Flüchtlinge in den Camps ordentlich zu versorgen. Dass höhere Geldzahlungen vereinbart waren – auch von der Bundesregierung –, diese Gelder aber nie an den UNHCR ausgezahlt wurden, legt die Vermutung nahe, die Wanderungsbewegung könnte durchaus, wenn nicht gewollt, dann doch billigend in Kauf genommen worden sein. Denn sollte man der politischen Klasse in Deutschland wirklich sträfliches Nichtstun und vollständige Verkennung der Lage unterstellen, Regierungen wären schon wegen geringerer Verfehlungen zurückgetreten.

2015 befanden sich nach offiziellen Schätzungen fast zwei Millionen aus dem Bürgerkriegsland Syrien Geflohene in den Camps der Türkei. Dass die türkische Politik und auch die türkische Gesellschaft diese große Anzahl an Flüchtlingen so friedlich bei sich beherbergte, muss man dem Land als groß-

---

* SPIEGEL-ONLINE vom 10.3.2015

artige Leistung zurechnen. Dass Syrer und Türken kulturell, religiös und sprachlich Überschneidungsflächen besitzen, hat selbstverständlich das Zusammenleben in der Türkei erleichtert. Da nach der UN-Flüchtlingskonvention Flüchtling ist, wer aus einem Kriegs- oder Bürgerkriegsgebiet in einen sicheren Drittstaat flieht, haben in der Regel die Hauptlast der Flüchtlinge diejenigen sicheren Länder zu tragen, die an Kriegsgebiete angrenzen. Das mag ungerecht erscheinen, sinnvoll ist es wegen der kulturellen Überschneidungsflächen und dem sozialen Frieden dennoch.

Selbstverständlich wäre es eine der vornehmsten Aufgaben der EU gewesen, die Türkei bei der Bewältigung dieses riesigen Flüchtlingsstroms unbürokratisch und großzügig zu unterstützen. Auch dies ist trotz immer lauter werdenden Bitten und Mahnungen vonseiten der Türken nicht passiert. Die EU, mit der Euro-Rettung schon heillos überfordert, ignorierte schlicht den islamischen Nato-Partner im Süden und betrieb Nabelschau. Auch hier wieder der politischen Klasse sträfliches Nichtstun und vollständige Verkennung der Lage zu unterstellen, spricht zum einen nicht für die überragende Qualität dieser politischen Klasse, zum anderen könnte man dann schon versucht sein, an das Bonmot zu denken, nach dem einen Fehler zweimal zu machen, eben kein Fehler mehr ist, sondern System.

Die Überraschung gerade der deutschen Bundeskanzlerin ob der hunderttausenden von Menschen, die ab August 2015 in das Land, dem sie geschworen hatte zu dienen, einströmten, wirkte damals – und wirkt noch mehr im Rückblick – recht wohlfeil. Denn die Zahlen der Grenzübertritte an den bayerischen Grenzen stiegen bereits seit Anfang des Jahres kontinuierlich an, wurden aber weder von den Medien groß bebildert, noch von der Politik thematisiert.* Spätestens seit Ende 2014 hätten Strategien entwickelt, Vorbereitungen getroffen, Kooperationen eingeleitet und vor allem ein Plan erstellt werden müssen, wie man mit der Wanderungsbewegung umgehen wolle und umzugehen habe. Aber es passierte: nichts. Nochmals: Sollte dieses systematische Nichtstun wirklich nur ein Fehler gewesen sein, so sind Regierungen schon wegen kleinerer Verfehlungen zurückgetreten – zudem noch in Demokratien mit freier Presse und einem Bundestag, der immerhin gewählt wurde, die Regierung zu kontrollieren und die Interessen des deutschen Volkes zu wahren.

Und dann kamen sie, die „Flüchtlinge" (zumindest ins mediale Bewusstsein), wobei die Anführungszeichen hier gesetzt werden, da, wer aus den türkischen Camps Richtung Zentraleuropa weiterzog, seinen Rechtsstatus von dem eines Flüchtlings in den eines Migranten änderte (ohne dass die Anführungszeichen jetzt unterstellen sollen, ein Migrant habe einen geringeren Leidensdruck als ein Flüchtling). Was wie eine Spitzfindigkeit der Begriffe aussieht, ist in Zeiten, in denen Begriffe wie moralische Waffen eingesetzt werden, durchaus von Bedeutung. Denn in der Folge der richtigen Begriffe ist die Verpflichtung der Bundesrepublik Deutschland, Millionen von Menschen aus tausende von Kilometer entfernten Konfliktgebieten und Armenregionen aufzunehmen, von keinem geltenden Abkommen oder Gesetz gedeckt oder gefordert.

In diesem Zusammenhang von einer „Flüchtlingskrise" zu sprechen und zu schreiben, mag für das moralische Rechtsempfinden des Einzelnen stimmig und dem Leidensdruck

* Bereits im Februar 2015 wurden fast 40.000 Asyl-Registrierungen gezählt, bevor im Juni die Marke von 50.000 überschritten wurde

der ins Land Kommenden geschuldet sein; für die Welt der internationalen Abkommen und politischen Gepflogenheiten wäre der Begriff ***Wanderungskrise*** oder ***Migrationskrise*** stimmiger. Denn am Ende – und genau so hat es sich auch nach der Prüfung der Asylanträge in Deutschland herausgestellt – kam von 2015 bis 2016 eine Millionenanzahl Wanderungswilliger in Deutschland an, von denen weit weniger als die Hälfte die Anerkennung als politischer oder Konventionsflüchtling beschieden war.[8)]

Das gesellschaftspolitische Ansinnen, ausschließlich die Begrifflichkeit der „Flüchtlingskrise" in all ihren Variationen durchzudeklinieren, war schlicht zu durchsichtig, als dass sich nicht im Fortlauf dieses Ansinnens der Begriff „Flüchtling" für wirklich jeden ins Land Gekommenen abgenutzt und verbraucht hätte. Die moralische Aufgeladenheit des Flüchtlingsbegriffs sollte eben nicht nur Mitgefühl und Mitleid der deutschen Bevölkerung absichern helfen; es sollte zudem noch Kritiker der Regierungspolitik ins moralische Abseits stellen. Wer etwas gegen Flüchtlinge hat, hat etwas gegen den leidenden Menschen an sich – das war die implizite Unterstellung.

Die moralische und humanistische Verargumentierung der unkontrollierten Einreise von Zehntausenden von Menschen nach Deutschland im August/September 2015 konnte noch mit dem Notstand auf der Balkanroute verständlich gemacht werden. Die zeitlich nachfolgende Verargumentierung, dass die „Flüchtlinge" für die Absicherung der deutschen Renten sorgen würden, ist jedoch ein deutlicher Hinweis darauf, dass die „Flüchtlinge" in den Herzen der Gutmeinenden immer schon als Migranten angesehen wurden, die dieses Land über Generationen hinweg nicht wieder verlassen sollten. Einwanderung über Flüchtlinge sicherzustellen, hat sich auf jeden Fall als recht deutsche Eigenart entpuppt, wirtschaftliche Interessen mit Hochmoral derart zu verknüpfen, auf dass allen Beteiligten ein Heiligenschein wachsen möge: der Wirtschaft, der Moral und den „Flüchtlingen".

Die Realität freilich passt sich dieser Welt aus Wille und Vorstellung nicht unbedingt an und wie immer: Die hübsche Ideologie wird von den hässlichen Tatsachen dahingemeuchelt.

Im August 2015, als sich die Wanderungskrise bereits mehr als deutlich abzuzeichnen begann, flimmerten Bilder aus Ungarn über die Bildschirme, die in Deutschland für Entsetzen sorgten. Tretende Kamerafrauen, knüppelnde Polizeibeamte, überforderte Helfer, aggressive Jungmänner orientalischen Aussehens, die europäische Gesetze partout nicht anerkennen wollten. Auf geheimen Pfaden schien sich das Gerücht verbreitet zu haben, Deutschland würde alle Menschen, die es bis an die deutschen Außengrenzen schafften, bedingungslos aufnehmen. Die nach dem Dublin-III-Abkommen verpflichtende Registrierung im ersten EU-Ankunftsland wurde von den Wandernden nicht nur ignoriert, sie wurde schlicht verweigert, egal wie laut und robust die ungarischen Behörden die geltende Gesetzeslage einzufordern versuchten.

An Leib und Leben sicher – und darum geht es bei einer Flüchtlingsproblematik vornehmlich – waren all diese Menschen bereits in den türkischen Camps. Sie waren auch in Griechenland und auch in Ungarn sicher. Ihr Ziel war aber nicht mehr Sicherheit, sondern ein Sozialsystem, das ihnen eine kleine Aussicht auf Wohlstand und Zivilisiertheit versprach. Die aggressive Verweigerungshaltung, sich in Griechenland oder Ungarn als Asylbewerber registrieren zu lassen, traf auf eine herrschende politische Klasse in Deutschland, die um jeden Preis unschöne Bilder von Gewaltausbrüchen vermeiden wollte und dafür den Preis der Gesetzesdehnung bis hin zum Gesetzesbruch nur allzu gerne zu zahlen bereit war.

In Notsituationen Gesetze zu brechen, auszusetzen oder zu überschreiten, ist sicher eine hohe Kunstform der Politik. Sie bedarf Fingerspitzengefühls und eines moralischen Kompasses, der eindeutig zwischen Gewinn und Verlust abzuwägen vermag. Helmut Schmidt ist in Verbindung mit der Hamburger Flutkatastrophe 1962 in die Geschichtsbücher eingegangen, weil er Militärkräfte zur Hilfe einsetzte, obwohl er verfassungsrechtlich nicht dazu befugt war. Die Notsituation, die sich im August 2015 aufzubauen begann, mag für Angela Merkel eine ähnliche Situation dargestellt haben, und sicher hätten nur wenige sie für das eigenmächtige Aussetzen von Gesetzen kritisiert, um den Wanderungsstau an der Balkanroute abfließen zu lassen. Was jedoch im Rückblick überrascht, war nicht nur die Bereitwilligkeit, sondern die Begeisterung, mit der bestehende europäische Gesetze übergangen wurden, und die hartnäckige Weigerung, zu einem gesetzeskonformen Vorgehen zurückzukehren. Die Folge war, dass diese Gesetzesüberdehnung nicht für Tage oder Wochen anhielt, sondern über Monate fortgeschleppt wurde und damit der Notstand und die Notsituation über alle Maßen verlängert wurden.

Der August 2015 war geprägt von einer Schlacht der Bilder, wie sie Europa lange nicht mehr erlebt hatte: die riesigen Camps in der Türkei, die Schlauchboote zur Überfahrt nach Griechenland, die Gestrandeten auf Lesbos, die 71 Erstickten in einem Fleischtransporter in Österreich und am dritten September 2015 schließlich das Bild des kleinen syrischen Jungen Aylan, der auf der Flucht im Mittelmeer ertrunken war und – wie ein gefallener Engel – am Strand von Bodrum lag, das Gesicht dem Betrachter abgewandt. Das Bild ging um die Welt und brannte sich als „Bild der Schande“ in das kollektive Gedächtnis Europas ein.

Von den meisten schrecklichen Ereignissen auf der Welt existieren Bilder, die große Betroffenheit auszulösen vermögen, aber nur die wenigsten brennen sich kollektiv in die Seelen der Menschen. Als am 7. April 2017 ein Islamist aus Usbekistan mit einem Schwerlaster in die Haupteinkaufsstraße Stockholms rast und dort mehrere Menschen tötet, stirbt auch die elfjährige Ebba Åkerlund. Aufnahmen zeigen ihren zerfetzten Körper, plattgedrückt auf dem Asphalt, die Beine durch das Gewicht des über sie gerollten Fahrzeugs vom Rumpf abgetrennt, daneben Eingeweide, Blut und ihre lederne Schultasche. Auch dieses Bild hätte eine Ikone werden können, ein „Bild der Schande“, ein Mahnmal gegen die Faulheit der westlichen Demokratien und den Terror der Islamisten. Aber dieses Bild fand nicht Eingang ins kollektive Gedächtnis, denn die „Hüter der Schwelle“ zu diesem Gedächtnis – die Medien – bestimmen die Auswahl der Bilder und verfolgen eine Agenda der Emotionalisierung, die sich der Transparenz entzieht, und deren Implikationen im Vagen bleiben. Das einzige, was festzustehen scheint: Die Medien lieben die Bilder der Selbstanklage und lehnen Bilder, die Zorn auszulösen vermöchten, ab.

Bürgerkriegsartige Zustände an den deutschen Grenzen, womöglich der Gebrauch von Tränengas an Stacheldrahtzäunen, war eine der Horrorvorstellungen, die in den Spätsommertagen 2015 um jeden Preis zu vermeiden war, weil – so konnte man in diesen Tagen sehr oft hören – „das einem zivilisierten Menschen nun mal nicht sehr lange gleichgültig sein konnte, und das zu Recht.“ Dieses Argument zu widerlegen, ist quasi unmöglich, stellt es sich bei näherer Betrachtung doch gar nicht als Argument heraus: mit dem Hinweis auf das „Zivilisierte“ wird sich auf die Macht der Bilder zurückgezogen, die dann als Vorwand genommen wird, politische oder juristische Argumente als „herzlos“ oder „unzivilisiert“ aus dem Diskurs heraushalten zu wollen. Denn eben jene Menschen, die sich im Spätsommer 2015 für ihre eigene Zivilisiertheit und Humanität so sehr lobten, blieben merkwürdigerweise sehr still, als sich 2016 herausstellte, dass die Türkei mit deutschen Geldern und auf Druck der EU einen schwer bewachten Grenzzaun zu Syrien baut, um weitere Flüchtlinge abzuzuhalten. Hier fehlten schlicht die Bilder. Oder zumindest bestand eine stille Übereinkunft, Bilder von der syrisch-türkischen Grenze nicht ins kollektive Gedächtnis eindringen zu lassen.

Nun kann man über die Macht der Bilder sehr trefflich philosophieren und auch darüber, ob eine Politik, die sich dem kurzfristigen Effekt der Bilder allzu bereitwillig hingibt, eine Politik auf Nachhaltigkeit ist. Dass dieses Bild des kleinen Aylan am Strand von Bodrum die Stimmung in Deutschland zugunsten einer unbedingten Aufnahmebereitschaft kippen ließ, muss man gerechterweise konzedieren. Die Erkenntnis, dass sich Medien, die diese Sensationsbilder gerne für ihre Verkaufszwecke nutzen, damit einem schnellen Gewinn verschreiben und allem, was vernünftige und besonnene Politik sein könnte, den Boden entziehen, ist so alt wie die Medien selbst. Dass diese Funktionsweise von Medien, die sich dann in Vorwürfen wie „Lügenpresse“ und „Fake-News“ entlädt, ganz grundsätzlich ein Problem darstellt und die Politik gnadenlos vor sich herzutreiben vermag, wird auch an Angela Merkels leicht trotzigem Kommentar vom 15. September 2015 deutlich, als sie sich kritische Fragen ob ihrer Flüchtlings-Selfies gefallen lassen musste: „Ich muss ganz ehrlich sagen, wenn wir jetzt anfangen, uns noch entschuldigen zu müssen dafür, dass wir in Notsituationen ein freundliches Gesicht zeigen, dann ist das nicht mein Land."

Abgesehen davon, dass dieses Land – gemeint ist Deutschland – noch nie „ihr" Land war, sondern Angela Merkel sich nach Bundespräsident und Bundestagspräsident maximal als dritthöchste Angestellte dieses Landes zu verstehen hatte, zeigt die Aussage, wie wenig Angela Merkel die Stoßrichtung der kritischen Frage verstanden hatte. Eine Politik des freundlichen Gesichts läuft schnell Gefahr, eine Politik ohne Haltung und Plan zu sein, die auf die Wirkung von Bildern reagiert, um mit neuen Bildern – den freundlichen Gesichtern – ebenfalls ihre Wirkung nicht zu verfehlen.

Noch zwei Jahre zuvor hatte sich die deutsche Bundeskanzlerin, die sich gerne im Supermarkt beim Einkaufen fotografieren lässt, aber sonst dem Leben des Normalbürgers recht entrückt erscheint, zu der Aussage veranlasst gefühlt, dass die digitale Welt „Neuland" wäre. Für sie, aber auch für alle anderen Menschen. Diese Politikern also, die ihr Leben – von Bodyguards und Panzerglas abgeschirmt – zwischen Sitzungen, Ansprachen und Aktenstudium verbringt, und für die das Internet natürlich Neuland darstellt, ließ sich nun im September 2015 mit „Flüchtlingen" für Selfies ablichten, die ihre Wirkung in den Armenspots des Nahen Ostens und Nordafrikas nicht verfehlten.

Die Wirkung, die diese Kanzlerinnen-Selfies mit dem freundlichen Gesicht entfalteten, sind schwer zu überschätzen. Dabei geht es weniger um die Selfies selbst, deren Reichweite in den sozialen Netzwerken eher überschaubar war. Es waren die Pressebilder von Angela Merkel, wie sie mit arabischen Jungmännern Selfies schoss, die dann von Agenturen weltweit angeboten wurden und sich ins mediale Gedächtnis der Welt einbrannten.

Eine Kanzlerin, die persönlich einlädt und sich sogar mit den Fremden – und zwar ausnahmslos Männern – ablichten lässt, dürfte neben den Beifallklatschern an den Bahnhöfen ganze Kohorten von Jungmännern davon überzeugt haben, nun endlich die Gelegenheit am Schopf zu packen und das Glück im reichen Deutschland zu suchen. Gerüchte von geschenkten Häusern, neuen Autos, sicheren Arbeitsplätzen und einer vergreisten Bevölkerung, die auf starke, junge und überlegene Männer nur wartet, taten ihr Übriges. Für uns Gebildete und den Verlockungen des Lebens gegenüber Abgestumpfte mag das sehr naiv bis dümmlich klingen; Interviews und Umfragen bei den Migranten sprechen jedoch eine andere Sprache. Selbst Fälle von Polizeieinsätzen, bei denen die Verdächtigen meinten, für ihre Missetaten nicht belangt werden zu können, weil sie der „persönlichen Einladung von Merkel“ gefolgt seien, sind verbürgt.[9)]

Der ertrunkene syrische Junge Aylan stand sinnbildlich für die Schrecken, die die Deutschen nun angetreten waren zu verhindern. Da war zum einen eine große menschliche Geste und Aufopferungsbereitschaft, welche die Deutschen erfasst hatte, zum anderen herrschte aber auch eine logische und moralische Inkonsistenz, die diese humanitäre Geste in ihr lächerliches Gegenteil verkehrte, je länger sie mit Nachdruck eingefordert wurde. Hätte man den Menschen in den türkischen Flüchtlingslagern wirklich helfen wollen, und hätte man den historischen Fehler, es nicht vorher mit Geld, Manpower und anderer Unterstützung versucht zu haben, eingesehen, so hätte die Bundesrepublik Deutschland alles in ihrer Macht Stehende unternehmen müssen, um die Flüchtlinge aus ihrer Not zu befreien und sie direkt – mit Flugzeugen oder Schiffen – ins Zentrum Europas zu holen. Sich moralisch höherwertig zu fühlen, weil man jeden, der es schafft, seinen Fuß auf deutschen Boden zu setzen, willkommen heißt, bedeutet nichts anderes, als das Recht des Stärkeren und Kräftigeren zur Grundlage moralischer Politik zu machen. Der Verdacht, es sei den Deutschen und vor allem der veröffentlichten Meinung gar nicht um das Schicksal der Flüchtlinge gegangen, sondern um das eigentümliche Ausleben eines Schuldkomplexes und Helfersyndroms, ist zumindest, wenn man die innere Systematik der Helferlogik betrachtet, nicht ganz von der Hand zu weisen.

Die brutale Logik des „Survival of the Fittest" – also jedem, der stark genug ist, sich auf der beschwerlichen Reise durchzusetzen, Einlass zu gewähren – mutet jedenfalls wie eine Hilfe ohne rechten Verstand an. Die organisierte Schlepperkriminalität, die Ertrunkenen im Mittelmeer, die Schrecken der Balkanroute wurden so nicht nur in Kauf genommen, sie wurden sogar bis zum März 2016 prolongiert, weil sich die deutsche Regierung nur als Zielland begriff, ohne sich für den kriminell teuren und manchmal mörderischen Weg verantwortlich zu erklären.

Das Traumpaar: Asyl heiratet Einwanderung

Einer der beliebtesten Vorwürfe an die Gegner der Politik Angela Merkels lautete im Spätsommer 2015: „Du willst also, dass die Menschen ersaufen?“ Wenn man als Antwort darauf hinwies, dass man eher wollte, dass die Menschen gar nicht erst in ihre Boote stiegen, weil das der beste Weg sei, Ertrinkende zu verhindern, und die Gegenfrage formulierte, was denn die Bundesregierung unternommen habe, damit sich die Menschen gar nicht erst auf den gefährlichen Weg begäben –, dann wurde meist von der Beantwortung abgesehen und eine Suada an Beleidigungen ausgestoßen. Die totale Offenheit ohne Obergrenze und ein Sozialstaat, der sich jedem Ankommenden sofort andient, sind nicht gerade Argumente, die Menschen davon abhalten, sich für viel Geld in überfüllte Schlauchboote zu setzen.

Hätte die Bundesrepublik Deutschland von Beginn an legale Wege der Einreise zur Verfügung gestellt, die Zahl der „Flüchtlinge“ im Ganzen wäre sicher niedriger ausgefallen, dafür wäre jedoch der Prozentsatz der Syrer – also derer, die wirklich und zuallererst von einer Katastrophe heimgesucht wurden – unter den ins Land Gekommenen höher ausgefallen, und die Bundesrepublik Deutschland hätte die Kontrolle über diejenigen, denen sie Schutz gewährt, behalten. Aber, so schien es, und so scheint es auch im Rückblick, das war nicht gewollt. Gewollt war, dass sich Deutschland als völlig offenes Land selbst feiern konnte. Für die politisch Verantwortlichen war eine Bevölkerung, die sich selbst an ihrer Willkommensgüte berauschte, das beste Instrument, um die verheerenden Fehler, die im Jahr zuvor in Bezug auf die Wanderungsdramatik begangen wurden, zu kaschieren.

„Ist mir egal, ob ich schuld am Zustrom der Flüchtlinge bin, nun sind sie halt da“ – dieser Satz Angela Merkels soll am 22. September 2015 bei einer Aussprache mit der CDU-Bundestagsfraktion gefallen sein und die Teilnehmer nachhaltig verstört haben. „Nun sind sie halt da!“ – dieser Satz fasst sehr prononciert die Herangehensweise der deutschen Bundeskanzlerin an die Migrationskrise zusammen. Die „Flüchtlinge“ sind halt jetzt da, und erst dann werden wir tätig. Bis dahin wäscht jeder seine Hände in Unschuld und ignoriert, dass erst durch die Signale der Kanzlerin und der jubelnden deutschen Bevölkerung die Wanderungsdramatik richtig an Fahrt aufgenommen hatte – von den Anreizen eines einladenden Sozialstaats und denen eines völlig obsoleten Asylgesetzes ganz zu schweigen.

Nur den Geheimdiensten dürften belastbare Schätzungen vorliegen, wie viele Menschen sich zwischen Mazedonien und Österreich auf der Wanderung befanden, als die Bundesregierung das Aussetzen von Passkontrollen verkündete. Am Budapester Hauptbahnhof stauten sich geschätzte 2.000 Menschen und eine Zahl von bis zu 20.000 Menschen auf der gesamten Balkanroute dürfte der Realität nahe kommen, als am 25. August 2015 das dem Bundesinnenministerium unterstehende Bundesamt für Migration und Flüchtlinge (BAMF) twitterte, dass die „Dublin-Verfahren syrischer Staatsangehöriger zum gegenwärtigen Zeitpunkt von uns weitestgehend faktisch nicht weiter verfolgt werden“. Diese Twittermeldung kann wohl als offizieller Startschuss dafür gewertet werden, dass in der Folge sehr viele der nach Deutschland Kommenden auf einmal Syrer wurden, deren Ausweispapiere zum erheblichen Teil und merkwürdigerweise auf der Reise verloren gegangen waren. Betreiber von Auffanglagern berichteten in dieser Zeit, dass ein sehr großes Problem die verstopften Abflussleitungsrohre darstellten, durch die wohlweislich die Ausweispapiere entsorgt worden waren.* Auf die Überprüfung der Handydaten, um sie mit den Angaben zur Person und Nationalität abzugleichen, verzichtete Deutschland „aus Datenschutzgründen“. Auch dies eine Merkwürdigkeit der großen Öffnung: Europäische Gesetze im Ermächtigungsverfahren auszusetzen, hielten viele für die Aufgabe der Stunde – den Datenschutz oder die Asylprüfung dem Notstand anzupassen, hätte dagegen eine eklatante Verletzung deutscher Gesetze bedeutet und sei folglich abzulehnen. Auf der einen Seite Gesetze partout auszusetzen, gleichzeitig aber auf der die anderen Seite die absoluteste Gesetzeskonformität einzufordern, erscheint wie ein doch eher willkürlich anmutender Rechtsumgang. Kurzum: Die Devise lautete, Moral vor Recht, und bei der Moral gibt es eben keine Zwischentöne, sondern nur das Gute und nichts außerdem.

Der Spalt, den der Großteil der Deutschen sicher bereit war, für die Menschen auf der Balkanroute zu öffnen, wurde im Zuge einer verfehlten, kurzsichtigen und juristisch zumindest dreisten Politik zu einem sperrangelweit offenen Scheunentor. Damit wurde jedem die Chance gegeben, seine Siebensachen zusammenzupacken, um in Deutschland sein Glück zu versuchen. Dass der Anteil der Syrer in den Statistiken zur Migrationskrise sowohl 2015 wie auch 2016 zu jedem Zeitpunkt weit unter 50% der Asylbewerber lag[10)], verdeutlicht die Wanderungsbewegungen, die die deutsche Politik in so vielen

* DIE WELT vom 2.11.2015

Ländern ausgelöst hatte – und das selbst, wenn man unterstellt, alle, die behaupteten, Syrer zu sein, seien auch wirklich Syrer. Afghanen, Iraker, Eritreer, Albaner, Nigerianer, Iraner, Pakistani – die deutsche Politik lockte Menschen aus der ganzen Welt an. Mit einer humanistischen Flüchtlingspolitik, die vor allem jenen Menschen zu helfen angetreten war, die am schlimmsten unter einem Bürgerkrieg zu leiden hatten, nämlich den Syrern, hatte die deutsche Politik der Selbstbegeisterung nur am Rande zu tun.

Das deutsche Grundgesetz Artikel 20 sieht vor, dass „politisch Verfolgte Asyl genießen". Die Gewährung von Schutz vor politischer Verfolgung setzt den Nachweis der persönlichen Verfolgung, die in der Regel Verfolgung durch staatliche Stellen bedeutet, voraus. Da dieser Nachweis schwierig ist oder die Gründe für eine Asylberechtigung nicht vorliegen, wird sehr wenigen Menschen in Deutschland politisches Asyl gewährt. Die Prüfung, ob ein Asylgrund vorliegt, muss individuell und sorgsam vorgenommen werden. Massenhafte Bewegungen von Menschen aus Kriegsgebieten, die keiner individuellen politischen Verfolgung unterliegen, deckt das deutsche Grundgesetz mit dem Artikel 20 nicht ab.

Der größte Teil der Bewerber um politisches Asyl in Deutschland wird abgelehnt, was zu der berechtigten Frage führt, warum man die Asylbewerber erst zwingt, den Fuß auf deutschen Boden zu setzen, um einen Antrag zu stellen, statt Auslandsbotschaften und Konsulate damit zu beauftragen. Hinzu kommt, dass abgelehnte Asylbewerber nur in seltenen Fällen abgeschoben werden, stattdessen sich die Regel der Duldung durchgesetzt hat: Von den ca. 600.000 abgelehnten Asylbewerbern, die sich zum 31.12.2016 in Deutschland befanden, hatte fast die Hälfte ein unbefristetes Aufenthaltsrecht.* Bestimmte Gruppen in Deutschland, so darf unterstellt werden, haben ganz augenscheinlich ein Interesse daran, sowohl das Asylrecht von Innen auszuhebeln, als auch einen Graubereich von geduldetem Prekariat zu schaffen. Welche Interessen das genau sein könnten – wirtschaftliche, soziale, humanitäre, den Rechtsstaat aushöhlende –, bleibt leider im Dunkeln, weil Diskussionen über Abschiebung und Duldung im öffentlichen Diskurs nur schwer möglich sind.

Flüchtlinge aus Kriegsgebieten, die keiner individuellen politischen Verfolgung unterliegen, beantragen in Deutschland ebenfalls Asyl. Entweder erhalten sie den Status als Konventionsflüchtling – sofern die Genfer Flüchtlingskonvention Anwendung findet – oder sie erhalten subsidiären (behelfsmäßigen) Schutz, der sie im Gegensatz zur Anerkennung als Konventionsflüchtling nicht dazu berechtigt, sofort die Familie nachziehen zu lassen. Da das Regelwerk der Flüchtlingskonventionen die Anrainerstaaten von Kriegsgebieten am stärksten belastet, und als Flüchtling nur anerkannt wird, wer nicht aus einem sicheren Drittstaat einreist, hat Deutschland seit den Balkankriegen nur noch wenig Kontaktfläche mit der weltweiten Flüchtlingsproblematik. Da jedoch andere Länder in der EU wie Italien, Griechenland und Spanien durch das Mittelmeer unmittelbar von Flüchtlingsbewegungen aus dem Nahen Osten und dem afrikanischen Raum betroffen sind, haben die EU-Länder das berühmte Dublin-Abkommen beschlossen.

---

* DIE WELT vom 11.3.2017

Dublin-III wurde erst 2013 verabschiedet und regelt sehr genau den Ablauf der Asylbeantragung im EU-Raum. Dass Dublin-III ein Abkommen ist, welches es Deutschland ermöglicht, von Flüchtlingsbewegungen unberührt zu bleiben und die Lasten auf die Mittelmeerländer abwälzen zu können, wurde in den letzten Jahren wiederholt und sehr kritisch angemerkt. Der springende Punkt im Dublin-III-Abkommen ist, dass, wer aus einem sicheren Drittland einreist oder in einem sicheren Drittland bereits um Asyl nachgesucht hat, in dieses sichere Land zurückgeschickt wird. Ein Recht auf einen Verbleib im Wunschland Deutschland, das nur von sicheren Drittstaaten umgeben ist, besteht nicht. Ländern wie Deutschland nun vorzuwerfen, sie würden sich durch das Dublin-Abkommen vor Flüchtlingen schadlos halten, ist durchaus berechtigt. Gleichzeitig darf dann aber auch der Hinweis nicht fehlen, dass sich Deutschland als größtem Nettozahler der EU dieses Schadlos-Halten auch viel kosten lässt.

Spätestens mit der Euro-Krise, die in Kürze ins zehnte Jahr gehen wird, wurden Schwachstellen innerhalb der Konstruktion der EU und des Euro-Raums sichtbar, die konstitutiver Bestandteil der gegenwärtigen Krisen sind. Der Konstruktionsfehler ähnelt sich auf allen Ebenen: Die Nationalstaaten behalten sich Hoheitsrechte vor, während „Europa“ so tut, als hätten die Nationalstaaten sie bereits abgetreten. Eine Verwirrung um Zuständigkeiten, Kontrollen und Kooperationen ist die Folge. Da die Standards der Lebenshaltung, der Sozialfürsorge und der staatlichen Kontrolle in den einzelnen europäischen Ländern stark differieren, sind Länder entstanden, die eine starke Sogwirkung entfalten und andere, die eher abstoßen. Das gilt für alle Formen des Verkehrs: Geld, Waren, Menschen.

Die meisten Länder Europas haben dem Schengen-Abkommen – also der grenzenlosen Personenfreizügigkeit – zugestimmt; gleichzeitig haben es die Länder versäumt, den dadurch in den Fokus geratenen Schutz der europäischen Außengrenzen als Gemeinschaftsaufgabe zu definieren. Die Folge war, dass sich die wirtschaftlich starken Länder der Mitte, die einen Sog entwickeln, in sicherheitspolitische Abhängigkeit der Außengrenzen-Länder, die meist wirtschaftlich schwächer sind, begeben haben. Schaffen letztere nicht, ihre Außengrenzen zu schützen oder Asylanträge ordentlich zu bearbeiten, führt der Sog der Mittelländer zu unkontrollierbaren Migrationsbewegungen.

Im Zuge der Sogwirkung Deutschlands und einer Politik des Durchwinkens wurden zwischen August 2015 und März 2016 die Grenzen Deutschlands faktisch zu den europäischen Außengrenzen, die zu schützen sich die deutsche Bundeskanzlerin weigerte. Unter diesen Voraussetzungen das Herzstück der EU, die Personenfreizügigkeit und das Schengen-Abkommen, aufrechterhalten zu wollen, stellte sich ja recht schnell als Wunschglaube heraus, nachdem in Paris am 13. November 2015 islamistische Terroristen 130 Menschen ermordet hatten. Ihre Drahtzieher, Abdelhamid Abaaoud und Salah Abdeslam, waren kreuz und quer durch Europa gereist und standen auch mit verschiedenen „Flüchtlingen“, die über die offenen Grenzen Deutschlands nach Frankreich gelangt waren, im Kontakt. Den französischen Sicherheitsbehörden waren die Terroristen und ihr Gefährdungspotential bekannt, allein es haperte am Austausch mit den deutschen Behörden. Nationale Schutzmechanismen werden also abgeschafft, ohne die dadurch entstehenden supranationalen Verantwortlichkeiten auszufüllen. Es entsteht ein Vakuum, das erst zur Kenntnis genommen wird, wenn es bereits zu spät ist.

Zu spät war es auch für die Freiburgerin Maria L., nachdem ein vermutlich aus Afghanistan kommender, vermutlich junger Mann sie in der Nacht zum 16. Oktober 2016 vergewaltigt und ermordet hatte. Dem Jungmann hatten schon griechische Behörden ein schreckliches Verbrechen an einer Frau zur Last gelegt – er hatte eine Studentin von den Klippen gestürzt; das Opfer überlebte schwerverletzt – und am 12. Februar 2014 für zehn Jahre hinter Gitter verbracht. Nachdem aber die Deutschen großzügigerweise ihre Grenzen für jeden sperrangelweit geöffnet hatten, leerten die Griechen als gute Freunde eines grenzenlosen Europas am 31. Oktober 2015 einige ihrer Gefängniszellen, um zumindest diesen jungen Mann am 12. November 2015 als „Flüchtling“ nach Deutschland einreisen zu lassen. Papier-, identitäts- und alterslos wie er war, gab der junge Mann beim Stellen des Asylantrags in Deutschland sein Alter mit 16 Lenzen an, dasselbe Alter übrigens, das ihm bereits drei Jahre vorher in Griechenland von den Gerichten attestiert worden war. Ein Schelm, wer böses dabei denkt und fühlt. Und natürlich hatten die Griechen es versäumt, die deutschen Behörden vor diesem ehrgeizigen jungen Mann zu warnen. Oder die europäische Fingerabdruck-Datenbank EURODAC war noch nicht so weit. Ganz genau weiß man es nicht und verbucht es unter innereuropäische Abstimmungsschwierigkeiten.

Dieser sicherheitspolitische Konstruktionsfehler, der bereits einige Menschenleben auf dem Gewissen hat, wiederholt sich auf finanzpolitischer Ebene bei der Gemeinschaftswährung Euro in gleicher Weise: Die Euro-Länder besitzen die gleiche Währung, ohne dass der Schutz vor Überschuldung einzelner

Länder als Gemeinschaftsaufgabe definiert worden wäre. Nach sieben Jahren Euro fiel auch dieses Vakuum plötzlich auf, als sich die Überschuldung diverser europäischer Länder abzeichnete, und seitdem schlägt sich der Euro-Raum mit Rettungsmaßnahmen herum, die in den Verträgen zur Gemeinschaftswährung eigentlich ausgeschlossen sind. Nochmals: Einen Fehler zweimal zu machen, ist eben kein Fehler mehr, sondern System.

Mit all diesen systemischen Konstruktionsfehlern hat sich Europa als völlig unfähig erwiesen, auf Krisen so zu reagieren, dass es nicht zu Verwerfungen in den Mitgliedsländern kommt. Als die deutsche Bundeskanzlerin sich weigerte, die deutschen Außengrenzen für die ins Land Strömenden zu schließen, hatte sie sicher gehofft, die restlichen Länder Europas würden Deutschland einen Großteil der Last schon wieder abnehmen. Sie irrte gewaltig.

Die Krise Europas war nicht nur dem Unwillen der anderen EU-Länder – hier vor allem den noch immer nationalistisch denkenden und fühlenden Ländern im Osten – geschuldet, sondern auch dem Unwillen der Migranten, sich wie eine Verfügungsmasse innerhalb eines Großraums hin- und herschieben zu lassen. Selbst ein gutwilliges Land wie Portugal, das sich im Zuge der Lastenverteilung dazu bereit erklärt hatte, ca. 4.000 Migranten aufzunehmen, konnte sein Kontingent nicht erfüllen, weil sich die Migranten schlicht weigerten, nach Portugal umzusiedeln.*

---

* focus.de vom 9.3.2016: „Portugal will Flüchtlinge aufnehmen – aber es kommen keine“ (Überschrift)

Hatten Umsiedlungen bereits in Stalins Sowjetunion nur mit Hilfe härtester staatlicher Repression funktioniert, musste dieses Vorhaben in einem Europa, das auf staatlichen Zwang fast gänzlich verzichtet, zum Scheitern verurteilt sein – oder aber als Schutzbehauptung gelten, um den Fehler der offen gelassenen Grenzen zu verschleiern und die daraus entstandenen nicht beherrschbaren Konsequenzen den europäischen Partnern in die Schuhe zu schieben.

Ungarn, Polen und Tschechien avancierten ab dem Sommer 2015 zu den beliebtesten Sündenböcken der Deutschen. Auch wenn andere Länder wie Frankreich oder Spanien freundlich abwinkten, wenn es um die Verteilung der Migranten ging, so richtete sich der Volks- und Medienzorn in Deutschland fast ausschließlich gen Osten. Das Progressive und hochmoralisch Offene der Deutschen stand zu dem offensiv um Schutz und Identität Bemühte der Osteuropäer – ja selbst dem der Ostdeutschen innerhalb der Bundesrepublik – in einem zu eklatanten Widerspruch, als dass die Wohlmeinenden sie damit hätten durchkommen lassen wollen. Eine beispiellose Schimpfkampagne auf die Europäer östlich der Elbe setzte ein. Dass es diese Länder waren, die sich schon einmal ab 1938 von dem moralischen Überlegenheitsgefühl der Deutschen haben überrollen lassen müssen, führte zu der nicht ganz unberechtigten Frage, was denn in die Deutschen gefahren sei, dass sie wieder mit der ihnen doch recht eigenen Herrenmentalität über den Willen ihrer Nachbarn einfach hinwegzugehen sich bemüßigt fühlten.

Der ***bad boy*** der EU, Viktor Orban, nannte das Gebaren der deutschen Politik im September 2015 sogar „moralischen Imperialismus“, was die Deutschen selbstverständlich empört zurückwiesen. Etwas höflicher formulierte es der britische

Politologe Anthony Glees, der Deutschland bescheinigte, sich „wie ein gefühlsgeleiteter Hippie-Staat" zu benehmen. Dass viele Deutsche das mehr als Auszeichnung, denn als Kritik auffassten, beschreibt vielleicht den tiefen Riss zwischen den Vertretern einer Vernunftpolitik, wie sie in allen zivilisierten Ländern der Erde betrieben wird, und einer Gesinnungspolitik, die wohl nur in Deutschland so viele Verfechter mobilisieren kann, dass sie die Kontrolle über Regierungen erhält. Bekanntlich kennt nur die deutsche Sprache den Unterschied zwischen Politik und „Realpolitik", wobei letztere eher mit dem Hautgout des Uneigentlichen und Unmoralischen belegt ist.

Was sich schon in den Monaten zuvor in sträflicher Weise vorbereitet hatte, nämlich eine Mischung aus Überraschung und Nichtstun als Politik zu verkaufen, setzte sich in den dramatischen Wochen des Septembers 2015 fort. Das Gesicht dieser Politik aus Unterlassung wurde die deutsche Bundeskanzlerin Angela Merkel. Statt seit dem Juni 2015 mit den betroffenen Ländern an der Balkanroute – Mazedonien, Serbien, Kroatien, Slowenien, Ungarn – eine enge Kooperation einzugehen und Maßnahmen zu treffen, wie die Grenze vor allem zum europäischen Festland zwischen Griechenland und Mazedonien zu schützen sei, unterblieben derartige Kooperationen. Als die Bilder auf der Balkanroute dann immer bedrohlicher wurden, fiel der deutschen Bundeskanzlerin nichts Besseres ein, als ihr Mantra aufzusagen, dass es in Deutschland für Asyl keine Obergrenze gäbe. Auch ihren geflügelten Satz vom „Wir schaffen das" vergaß sie nicht hinterherzuschieben.

Um bürgerkriegsartige Zustände in den osteuropäischen Nachbarländern und natürlich auch in Griechenland zu verhindern, hätten enge Kooperationen mit diesen Ländern, Notstandsmaßnahmen und Grenzsicherungen vorgenommen werden müssen. Dass sich die Türkei Erdogans in dieser Zeit als Kooperationspartner unwillig gab und mit den „Flüchtlingen“ eine wunderbare Handhabe besaß, um die Europäische Union im Allgemeinen und Deutschland im besonderen unter Druck zu setzen, muss natürlich berücksichtigt werden. Umso wichtiger wäre es gewesen, ganz deutliche und strenge Maßnahmen zur Kontrolle der Migration vorzunehmen: Entsendung europäischer Marineeinheiten, um die Grenze zwischen Griechenland und der Türkei zu sichern; Aufbringen von Schlepperbooten, Zerstörung derselben und Rückschaffung der Insassen in das Land, von dem aus sie in See gestochen sind; Einrichtung von Schutzzonen zur Beantragung von Asyl, in denen die Verfahren durchzuführen sind; Bevorzugung von Passinhabern und Familien, die sich als Syrer ausweisen können; Transport der Flüchtlinge aus den Schutzzonen per Luft oder See; Verwirkung jeder Form von Asylrecht und staatlicher Sozialleistung, sofern ein europäisches Land unrechtmäßig betreten wurde.

Diese Maßnahmen hätten sicherlich einige Wochen lang für schwierige Zustände gesorgt, aber das Signal an die Wanderungswilligen des islamischen Bogens wäre mehr als deutlich gewesen. Stattdessen aber wurden Signale, die das genaue Gegenteil transportierten, ausgesandt und die bürgerkriegsartigen Zustände, die man als Fluchtursachen unbedingt zu bekämpfen getrachtet hatte, nach Deutschland importiert: Serien von Terroranschlägen, bundesweite Silvestervorfälle und inzwischen installierte Zäune und Betonpoller im öffentlichen Raum sind die Konsequenz. „Wer halb Kalkutta aufnimmt, hilft nicht etwa Kalkutta, sondern wird selbst zu Kalkutta!“ – dieser Satz Peter Scholl-Latours ist auch im Jahr 2015 nicht falsch geworden.

Weihnachtsmärkte unter Polizeischutz, Karneval hinter Hochsicherheitsabsperrungen, Straßensilvester als Abwehr öffentlicher Gang-Bang-Versuche, Amokfahrten, Axtangriffe, Attentatsversuche, explodierende Kriminalitätsstatistiken und ein eklatanter Anstieg von Vergewaltigungen und anderer schwerer sexueller Übergriffe auf Frauen: die innere Sicherheitslage Deutschlands hat sich seit September 2015 so dramatisch verändert, dass nicht wenige von einem verdeckten Bürgerkrieg sprechen, den einige derer, die in Deutschland als „Flüchtlinge“ willkommen geheißen wurden, diesem Land und seiner Bevölkerung erklärt haben. Der Notstand an der Grenze wurde zum Notstand im Land.[11)]

Dass die veränderten Verhältnisse die logische und für jeden absehbare Folge aus einer Politik der Unterlassung sein würden, war sehr vielen bereits im September 2015 klar, darauf hinzuweisen rückte jedoch jeden in die Nähe von Fremdenfeinden und Ausländerhassern. „Man kann die Realität ignorieren, nicht aber die Folgen des Ignorierens der Realität“, schrieb Ayn Rand. Oder um mit der Kanzlerin zu sprechen: „Jetzt sind sie halt da!“

Die meisten Deutschen der Wiedervereinigungsgeneration haben noch die Bilder Günter Schabowskis vor Augen, dessen Stammeln auf der abendlichen Pressekonferenz des 9. November 1989 dazu führte, dass die Menschen Ost-Berlins an die Grenzposten strömten und das einleiteten, was dann schließlich mit dem Fall bzw. Abbruch der Mauer vollendet wurde. Seine Ankündigung, Privatreisen ins Ausland seien ohne Vorliegen von Voraussetzungen nun möglich, präzisierte er auf Nachfrage eines Journalisten mit den Worten: „Das tritt nach meiner Kenntnis ... ist das sofort, unverzüglich.“ Es waren diese Worte, die das Ende der DDR endgültig einleiteten. Dass die Deutschen also keine Erfahrung damit hätten, die unkontrollierte Öffnung von Grenzen könne zum Verschwinden von Staatsgebilden führen, sollte nicht gänzlich unterschätzt werden und dient als Hinweis auf die Fassungslosigkeit, mit der weite Teile der deutschen Öffentlichkeit auf die Politik der Kanzlerin reagierten. Die populär-psychologische Erklärung, aus narzisstischer Kränkung ihrer eigenen DDR-Biografie – immerhin war Merkel bis 1989 Kulturreferentin der Jugendkader-Organisation der DDR, der FDJ, und zuständig für ***Propaganda und Agitation*** – habe Angela Merkel das Hineinströmen von Millionen Fremder in die Bundesrepublik Deutschland gutgeheißen, geistert seitdem als Unterstellung durch die Medien. Es gibt Thesen, die weniger abwegig sind.*

Die Twittermeldung des Bundesamtes für Migration und Flüchtlinge (BAMF) vom 25. August – „die Dublin-Verfahren syrischer Staatsangehöriger zum gegenwärtigen Zeitpunkt werden von uns weitestgehend faktisch nicht weiter verfolgt" – ersetzte 2015 das Stammeln Günter Schabowskis von 1989. Das „weitestgehend Faktische" wird der Bundesregierung von vielen Kritikern als Rechtsbruch vorgehalten. Wie immer bei juristischen Fragen sind die Interpretationen nicht eindeutig. So wie in den Gesetzen zum Euro eine No-Bailout-Klausel vereinbart wurde, die dann mit undurchsichtigen Rettungsschirmen faktisch umgangen wurde – freilich ohne dass es ein Rechtsbruch war, hoch dotierten Juristen sei Dank –, so ist die Aussetzung des Dublin-Verfahrens nicht zwangsläufig ein Rechtsbruch.

---

* vergl. Katrin Göring-Eckardt, S. 163

In § 18 des deutschen Asylgesetzes heißt es zur Einreiseverweigerung von Asylbewerbern, die aus einem sicheren Drittstaat kommen, dass von einer Einreiseverweigerung abzusehen sei, sofern „das Bundesministerium des Innern es aus völkerrechtlichen oder humanitären Gründen oder zur Wahrung politischer Interessen der Bundesrepublik Deutschland angeordnet hat." Der zu diesem Zeitpunkt amtshabende Bundesinnenminister Thomas de Maizière besaß also eine Befugnis, Einreiseverweigerungen aufheben zu können, was im Umkehrschluss bedeutet, dass die sich in Deutschland befindenden Asylbewerber seit dem 25. August 2015 nicht illegal eingereist sind und die Bundesregierung keinen Rechtsbruch vollzogen hat. Zu eindeutig ist der Hinweis, dass das Bundesinnenministerium eine derartige Anordnung aussprechen kann.

Historiker wundern sich bis heute, dass für die Endlösung der Judenfrage kein eindeutiger Führerbefehl aufzufinden ist. Auch die Beschlüsse der Wannseekonferenz, die ohne des Führers Anwesenheit erfolgten, lassen eine eindeutige Zuordnung der juristischen Verantwortlichkeit nicht zu, was in der Folge von vielen Rechtsextremisten dazu genutzt wird, zu behaupten, der ganze Holocaust sei eine Lüge, um das deutsche Volk zu desavouieren. Ähnlich geht es dem Schießbefehl an der innerdeutschen Grenze bis 1989. Regierende in juristische Verantwortung zu nehmen, ist fast unmöglich. Das moralische Empfinden des Einzelnen – auch des einzelnen Politikers – weiß doch recht genau, wann es Grenzen überschreitet. Und es setzt alles daran, dass die Verantwortlichkeit nicht an der Person festgemacht werden kann.

Was in der Migrationskrise so eigentümlich berührt, ist das Vorgehen der deutschen Regierung, welches genau das Wissen um diese moralische und juristische Grenzüberschreitung nahezulegen scheint. Die in § 18 Asylgesetz zwingend notwendige Anordnung des Bundesinnenministers, die Einreiseverweigerung auszusetzen, liegt nämlich nicht vor. Es gibt sie nicht. Zumindest nicht schriftlich. Sollte sie mündlich erfolgt sein, müsste sie wenigstens protokolliert sein. Und da die Bundesrepublik Deutschland ein Rechtsstaat ist, sollte man meinen, dass die Bundesregierung auskunftspflichtig in dieser Frage von größter Tragweite ist. Wann also hat der Bundesinnenminister Thomas de Maizière die Anordnung, die aus einem sicheren Drittstaat Kommenden an der Einreise nicht zu hindern, erteilt? „Auf Abgeordnete der Koalitionsfraktionen soll, wie aus der Unionsfraktion zu hören ist, massiver politischer Druck ausgeübt worden sein, damit sie es unterlassen, diesbezügliche Anfragen an die Bundesregierung zu richten; solche Anfragen, so wurde zudem signalisiert, würden in der Sache ohnehin nicht beantwortet."

Dieser Darstellung, die in der FAZ vom 21. Januar 2016 erschienen ist, widerspricht die Bundesregierung nicht. Für einen Rechtsstaat und ein Parlament ist dies schon ein merkwürdiges, wenn nicht sogar einmaliges Vorgehen. Wie heikel die Politik der deutschen Regierung eingeschätzt wurde, mag auch daran deutlich werden, dass der Chef der Bundespolizei, Dieter Romann, sich die Weisung, in der Grenzsicherung „untätig zu bleiben, schriftlich geben ließ, damit ihn niemand später wegen Pflichtverletzung würde belangen können."*

Wie oft bei moralisch fragwürdigen Großentscheidungen mit historischer Tragweite werden Historiker in einigen Jahren niemanden mehr benennen können, der für die Entscheidung

---

* Jan Fleischhauer auf SPIEGEL-ONLINE vom 1.8.2016

juristisch zur Verantwortung zu ziehen ist. Aber so wie es die Endlösung der Judenfrage und die Schüsse an der innerdeutschen Grenze gab, so gab es eben auch die große Öffnung, und mit ihr werden Deutschland und Europa noch lange leben müssen.

„Es gibt kein gutmütigeres, aber auch kein leichtgläubigeres Volk als das deutsche. (…) Keine Lüge kann grob genug ersonnen werden: die Deutschen glauben sie. Um eine Parole, die man ihnen gab, verfolgten sie ihre Landsleute mit größerer Erbitterung als ihre wirklichen Feinde.“

Napoleon

5
DER SOUND DER KRISE

Die Opfer

Es ist ein verstörender Gedanke: Was wäre geschehen, wenn Deutschland seine Grenzen zwei Wochen nach dem 25. August 2015, dem Tag als das BAMF die Aussetzung des Dublin-Abkommens twitterte, wieder geschlossen hätte? Was wäre geschehen, wenn Angela Merkel den Mut zur Härte aufgebracht und Bundesgrenzschutz und Bundespolizei an der Grenze angewiesen hätte, den Sturm der Ankommenden abzuwehren? Hätte es Schlachten und Chaos gegeben, eventuell sogar Tote? Und wenn ja, wie viele?

Die Dystopie einer fast kriegerischen Auseinandersetzung an den deutschen Grenzen erscheint als sehr wahrscheinlich. Und man kann mit Sicherheit davon ausgehen, dass die schrecklichen Bilder, die jeden Abend in der Tagesschau über den Äther geflimmert wären, zur größten Zerreißprobe einer deutschen Nachkriegsregierung geführt hätten. Ganz sicher zu einer größeren Zerreißprobe, als sie Helmut Schmidt im Herbst 1977 im Zuge der Entführung Hanns Martin Schleyers und der Inkaufnahme seines möglichen Todes erleben musste.

So schrecklich und vielleicht blutig die Bilder an der deutschen Grenze 2015 gewesen wären, eine Schließung der Grenzen hätte – davon dürfen wir im Nachhinein ausgehen – die Terrorattacke auf dem Berliner Breitscheidplatz im Advent 2016 mit 12 Toten und Dutzenden Schwerverletzten, die Vergewaltigung und den Mord an der 19-jährigen Freiburger Studentin Maria L., den Mord an der 82-jährigen Cottbuserin Gerda K. sowie etliche andere Morde und Vergewaltigungen durch Menschen, die im Zuge der offenen Grenzen ins Land strömten, verhindert.

Darf man die Toten im eigenen Land und die Gewaltwelle, die, von sogenannten „Flüchtlingen“ ausgehend, Deutschland seitdem überzieht, aufrechnen gegen die mögliche Gewalt, die im September 2015 an den deutschen Grenzen eben nicht eingefordert wurde? Wer die Frage nicht mit Ja beantworten will, muss zumindest den Widerspruch feststellen, dass die Dutzende von Morden an Deutschen, die seitdem von Menschen, die ab September 2015 ins Land gekommen sind, begangen wurden, ein vorhersehbarer Kollateralschaden der neuen deutschen Offenheit waren. Während eventuelle Tote an den deutschen Grenzen das eigentliche Schreckensereignis gewesen wären, das es um jeden Preis zu verhindern galt. Naivität war schon mal unschuldiger und der Schutz der eigenen Bevölkerung vorrangiger.

Die Begeisterung so vieler Deutscher für das Offenhalten der Grenzen im September 2015 mutete schon damals naiv an. Fast zwei Jahre später wissen wir, dass die aktive Forderung nach der Aufgabe der Grenzsicherung, die die Bundesregierung zuerst einleitete und die sie schließlich über Monate prolongierte, nichts anderes als naiv war. Und das ist höflich formuliert. Man könnte sie auch töricht und in der Geschichte der Nationalstaaten einmalig nennen.

Noch nie zuvor hatte sich ein Führer eines Staates vor die Mikrofone gestellt und mit überzeugender Entschiedenheit zu behaupten versucht, man könne die Grenzen seines Landes nicht schützen, während hunderttausende von Fremden, überwiegend zu allem entschlossene Männer im kampffähigen Alter, an den Grenzen Einlass begehrten. Frau Merkel tat aber genau dies in der wie eine Regierungserklärung gehaltenen ARD-Talkshow Anne Will am 7. Oktober 2015. Dieser staatspolitische Offenbarungseid fand in der Begeisterungswelle über die Neuankömmlinge wenig Beachtung und wurde flankiert von einem Bündel an herzzerreißenden Bildern, seichten Halbwahrheiten und schlichten Lügen, zu deren Sprachrohr sich die Mehrzahl der deutschen Medien machte.

Die schrecklichen Bilder, die im September 2015 bei einer Grenzschließung produziert worden wären, hätten vielleicht die Regierungskoalition zerrissen. Auch wenn der damalige Vizekanzler und SPD-Vorsitzende Sigmar Gabriel versucht haben mag, seine Partei gegen die unkontrollierte Einwanderung in Stellung zu bringen, Tatsache ist eben, dass er damit scheiterte. Der ***wind of change*** hatte so weite Teile der deutschen Meinungsbildner erfasst, dass auch nur kleine Avancen hin zu einer Realpolitik sofort von einem medialen Sturmlauf begleitet worden wären, der jede Partei und jede abweichende Meinung ins rechtsradikale Eck zu stellen imstande gewesen wäre. Und nach den Härten der Agenda 2010 wollte die Mehrheit in der SPD halt irgendwas mit menschlichem Antlitz und freundlichem Gesicht. Dass sie damit ihre eigene Klientel verriet und in Scharen der AfD in die Hände trieb, bleibt ein weiteres Rätsel dieser moralischen Begeisterungswelle.

Dass sich Sigmar Gabriel anderthalb Jahre nach der Entscheidung, niemanden an der deutschen Grenze abweisen zu wollen, in seinem berühmt gewordenen Interview mit dem STERN* – bei dem er den Verzicht auf die Kanzlerkandidatur kundtat – aufs Entschiedenste von der Bundeskanzlerin distan-

---

* vom 25.1.2017

ziert, lässt zwar darauf schließen, dass so einig, wie sich die Regierungskoalition darstellte, sie in Wahrheit nie war. Aber den Buhmann des ewigen Meckerers schob die SPD lieber der bayerischen CSU zu und warf ihr „Parolen wie die AfD" vor. Der konstruktive demokratische Streit und der offene Diskurs über eine der wichtigsten Richtungsentscheidungen der deutschen Geschichte wurden damit verhindert – ein Vorwurf, den man allen damaligen Bundestagsparteien machen muss.

In Kriegs- oder Vorkriegszeiten würde das, was ab August 2015 in Deutschland einsetzte, „moralische Generalmobilmachung" genannt werden. In solchen Zeiten ist es von entscheidender Bedeutung, dass sich der herrschende Regierungschef zum Werkzeug eines diffus bleibenden guten Volkswillens macht. Die bisherigen, in den meisten Demokratien gültigen Koordinaten, dass eine intellektuelle Elite den Zeitgeist repräsentiert, während die vom Volk gewählte Regierung so gut wie möglich diesen Zeitgeist im Zaum zu halten versucht, galten ab August 2015 als aufgehoben. Siebzig Jahre nach Kriegsende waren Regierung, Opposition, Eliten und scheinbarer Volkswille wieder Eins, was für eine funktionierende und pluralistische Demokratie meist trübe Zeiten sind.

In dem bereits erwähnten STERN-Interview 18 Monate nach der unterbliebenen Grenzschließung wirft Gabriel der Kanzlerin schließlich Übermut und Hochnäsigkeit in der Grenzfrage vor und fällt ein ebenfalls vernichtendes Urteil über die von ihr zu verantwortenden Verwerfungen innerhalb der EU: „Wenn man dann als deutsche Bundeskanzlerin auch noch niemanden in Europa an der Entscheidung über eine unkontrollierte Grenzöffnung beteiligt, darf man sich über den Ärger aller anderen nicht wundern. Keinen zu fragen, aber hinterher von allen Solidarität zu verlangen, ist einfach naiv." Man könnte es auch schlicht unverschämt nennen.

Der WELT-Korrespondent Robin Alexander schildert in ***Die Getriebenen***, wie die fünf wichtigsten Vertreter der Regierungskoalition inkl. der Bundeskanzlerin am Wochenende des 11. September 2015 den Entschluss fassen, die deutschen Außengrenzen zu schließen und alle Nicht-Einreiseberechtigten zurückzuweisen. Zu laut waren die Hilferufe und Warnungen aus den Bundesländern geworden, die Aufgaben der Unterbringung und Versorgung nicht mehr leisten zu können. Dass diese Entscheidung unpopulär sein würde und rechtlich unsicher, schwante den Beteiligten aus CDU, CSU und SPD. Der Beschluss wurde trotzdem gefasst und die Einsatzbefehle an die Bundespolizei zur Ausführung angeordnet. Tausende von Polizisten befanden sich seit Samstag, dem 12. September 2015, auf dem Weg in die bayrischen Grenzorte. Ab Sonntag, dem 13. September, 18 Uhr, sollte der Einreisestopp gelten.

Im letzten Moment, am Sonntag gegen 17 Uhr, wurde der Entschluss aufgehoben.

„Keiner der Beteiligten wollte in dieser Lage eine so rechtlich umstrittene wie unpopuläre Entscheidung treffen. Deshalb fragte der Innenminister noch einmal bei seiner Kanzlerin nach, statt in eigener Ressortverantwortung Zurückweisungen anzuordnen. Und deshalb entschied auch die Kanzlerin weder dafür noch dagegen, sondern erbat von de Maizière Zusicherungen, die er nicht geben konnte. Er konnte nicht versprechen, dass die Entscheidung später vor Gerichten Bestand haben würde. Und er konnte nicht versprechen, dass es keine unpopulären Bilder geben würde. So bleibt die deutsche Grenze an diesem Wochenende für alle offen."

„Aus der «Ausnahme» der Grenzöffnung", so schließt Robin Alexander, „wird ein monatelanger Ausnahmezustand, weil keiner die politische Kraft aufbringt, die Ausnahme wie geplant zu beenden." Es taucht das Bild einer Technokraten-Politik auf, die zwar genau weiß, was gut für das Land und die in ihm lebenden Menschen wäre, es aber aus Rechtsbedenken, die die untere Beamtenebene formuliert, unterlässt. Man stelle sich diese Art der Hasenfüßigkeit 1962 bei der Hamburger Flutkatastrophe vor, als der Regierende Bürgermeister der Hansestadt, Helmut Schmidt, die Bundeswehr für Rettungsmaßnahmen anforderte und damit gegen die Verfassung verstieß. Da gab es sicher auch Beamte im Innenressort, die „rechtliche Bedenken" anmeldeten und dafür lieber Ertrinkende in Kauf zu nehmen bereit waren.

Das Verstörende bis Bizarre, was dann aber einsetzt, ist, mit welcher Vehemenz in der Folgezeit die Stimmen, die genau diesen Schritt der Grenzschließung weiterhin verlangen, mundtot gemacht werden sollen. Die Entscheidung zur Grenzschließung also, die am 12. September 2015 aus dem Bereich des Notwendigen in den Bereich des Möglichen hinabgestiegen war und damit die Sphäre der Realpolitik erreicht hatte, wird in der Folge zu etwas, was nur Menschenhasser und Rechtsradikale zu fordern sich noch anmaßen, während die herrschende politische Klasse sich für ihre Humanität und ihr freundliches Gesicht feiern lässt.

Diese Feier war ein Hochamt der Bigotterie, bei dem Politik durch die Religion der gütigsten Nächstenliebe ersetzt war und jeder, der dieser kollektiven Begeisterung zu widerstehen versuchte, sich sehr schnell in der rechten Ecke wiederfand. Und wie es das Wesen der Religionen so ist, mutierte der „Andersgläubige" vom politischen Gegner, den zumindest zu achten die politischen Spielregeln erfordern, zum Apostaten und Defätisten, den zu ächten und zu verachten die herrschende Klasse nicht müde wurde zu fordern.

Die Hamburg Media School veröffentlichte ein Jahr nach Ausbruch der „Flüchtlingskrise" erste Ergebnisse einer Untersuchung, die mehr als 34.000 Pressebeiträge der Jahre 2009 bis 2015 zum Thema Flüchtlingspolitik ausgewertet hatte, um zu klären, wie deutsche Medien über diesen Themenkomplex berichteten. Zu laut waren die Vorwürfe geworden, die relevanten Medien hätten sich zu einer „Lügenpresse" oder „Lückenpresse" entwickelt. Dabei sind die Ergebnisse der Hamburg Media School für eben diese relevanten Medien nicht weniger beunruhigend.*

Bis 2015 habe sich, so das Ergebnis der Studie, das von der Politik eingeführte Narrativ der „Willkommenskultur" etabliert mit dem immer mitschwingenden Subtext, dass „Deutschland aus seiner Vergangenheit gelernt habe". Insgesamt seien 82% aller Beiträge zur Flüchtlingsthematik positiv konnotiert gewesen, 12% rein berichtend und 6% hätten die Flüchtlingspolitik problematisiert. Vor allem die reichweitenstärksten Medien hätten sich das Motto der Bundeskanzlerin „Wir schaffen das" zu eigen gemacht. Das Fazit der Studie: Die Glaubwürdigkeit der „vierten Säule der Demokratie", deren Aufgabe es sein sollte, die Herrschenden zu kontrollieren, statt sie offensiv in ihrer Politik zu unterstützen, hat arg gelitten.

Nun ist das Gesetz einer freien Gesellschaft, dass nach auffälligen Übertreibungen ein harter Rollback einsetzt, kein neues oder überraschendes. Trotzdem schienen die Medienver-

* Universität Hamburg, 7.12.2016, auch FAZ vom 10.8.2016

treter wie auf dem falschen Fuß erwischt worden zu sein, als sich jenseits ihrer Deutungshoheit Medien zu etablieren vermochten, die eine andere Perspektive auf die Wirklichkeit einnahmen. Dieser Entwicklung hat das Internet – nach den Worten der Bundeskanzlerin „Neuland“ – großen Vorschub geleistet. Durch das Internet standen auf einmal die Verbreitungswege, die bisher durch ihre hohen Kosten und Regulationsverfahren nur größeren Unternehmen offen standen, jedermann zur Verfügung. Und die Bürger nutzten sie und informierten sich jenseits von ARD, ZDF, SPIEGEL und BILD.

Wie kann man erklären, dass die Berichterstattung so einseitig erfolgte und ganz offenkundig journalistische Standards nur noch Anwendung fanden, um der Regierungspolitik einen positiven Anstrich zu verleihen? Hier von gelenkter Systempresse zu sprechen, scheint zwar im Resultat eine passende Antwort zu sein, in der Wirklichkeit einer pluralistischen Demokratie ist Lenkung jedoch schwer herzustellen, sofern sie per Dekret erfolgt. Einen solchen wird man aber schwerlich finden.

Was jedoch auch Fakt ist: Ein ***hochkomplexes*** System wie die deutsche Medienlandschaft hat völlig ***unterkomplex*** über die „Flüchtlingskrise“ berichtet. Ein wichtiger Hinweis, um diese Unterkomplexität zu erklären, sind Umfrageergebnisse zur Parteienneigung, die unter deutschen Journalisten durchgeführt wurden. Sie kommen recht regelmäßig zu dem Schluss, dass – ginge es nach deutschen Journalisten – die Partei der Grünen stärkste Kraft in Deutschland wäre und die SPD abgeschlagen dahinter folgen würde. Dürften nur Journalisten den deutschen Bundestag wählen, Grün/Rot/Links hätte eine stabile 2/3-Mehrheit.[4)]

Derartige Umfrageergebnisse liegen selbstverständlich auch den Parteien und der Bundesregierung vor. Seit Angela Merkel der CDU vorsteht, hat sie die Partei um alle ihre tradierten Inhalte entkernt. Wehrpflicht? Abgeschafft 2011 unter Verteidigungsminister Guttenberg. Atomkraft? Abgeschafft ebenfalls 2011 nach dem verheerenden Tsunami in Japan mit Havarie des Kernkraftwerks in Fukushima. Nationalstolz? Abgeschafft in der Wahlnacht 2013, als Angela Merkel dem CDU-Generalsekretär Herman Gröhe tadelnd und kopfschüttelnd die deutsche Fahne aus der Hand nimmt. Frauengleichberechtigung? Endlich eingeführt 2015 mit dem für eine kleine Elite geltenden Gesetz, das deutsche Vorstände auf einen Frauenanteil verpflichtet. Und schließlich vollendete Angela Merkel das Projekt Multikulti im August 2015, ohne freilich an ihre Aussage von 2002 erinnert werden zu wollen, nach der „Multikulti gescheitert" oder an die von 2010, nach der Multikulti sogar „restlos gescheitert" sei. Pazifismus, Ökologie, Gender-Mainstreaming, Nationalverleugnung, Multikulti: Das ist das offizielle Programm der Grünen, das die Bundeskanzlerin als Rosskur der größten deutschen Volkspartei verschrieb. Nur so ließ sich ganz ohne zentrale Lenkung sicherstellen, dass die Bundeskanzlerin zum ***Everybody's Darling*** der Medien werden konnte. Opposition bekämpft man nicht, sondern verleibt sie sich ein.

Vom Standpunkt einer Volkspartei sind die Grünen nicht mehr als eine Sekte. Aber sie haben es geschafft – und diese Hochachtung muss man den Grünen zollen –, das gesamte Parteienspektrum in Sippenhaft zu nehmen. Die LINKE unterscheidet sich von den Grünen, weil sie ein etwas entspannteres Verhältnis zu Antisemitismus, Mauer und Todesschützen hat, die SPD durch ihre putzige Arbeiterrhetorik, die CDU durch ein wenig mehr Hang zum Großkapital und die FDP durch ihre Betonung des Individuums. Dem grünen Mythos jedoch, dass sich ein Deutschland nach 1945 in ***Negation zum Nationalsozialismus*** entwickelt habe und auf den entscheidenden Pfeilern von ***Ökologie, Pazifismus, Offenheit und Gender*** beruhe – diesen Mythos haben sie alle übernommen und zur deutschen Staatsräson erklärt.

Es mag Kalkül, Raffinesse oder schlicht Faulheit gewesen sein, eine ganze Nation an ein grünes Nationalnarrativ verkauft zu haben. Dass es auch anders geht und man seine Fahne nicht nur in den Medienwind hängen muss, dafür aber eben der Verlust der Macht droht, zeigen die Vorgänger Angela Merkels: Helmut Schmidt wurde 1983 gestürzt, nachdem er gegen groß angelegte Proteste der damals bereits grünen Intelligenzija standhaft geblieben war und den Nato-Doppelbeschluss inkl. der Stationierung von Cruise Missiles in Deutschland durchgesetzt hatte. Auch Helmut Kohl, der ihm folgende Kanzler, agierte Zeit seines politischen Lebens im Widerspruch zum linksliberalen Zeitgeist, der sich aufklärerisch gab und bis zum 9. November 1989 von allem meinte träumen zu können, nur nicht von einem wiedervereinigten Deutschland. Der linksliberale Zeitgeist hatte sich sehr bequem darin eingerichtet, die deutsche Teilung als „Strafe für Auschwitz" auf ewig hinzunehmen. Und auch Gerhard Schröder, der auf Kohl folgte, setzte seine Agenda 2010 gegen den Protest der sich sozial gebenden gebildeten Schichten durch. Heute würde man es eine neoliberale Agenda nennen, zu der Angela Merkel an jedem Punkt ihrer Kanzlerschaft schlicht der Mut gefehlt hätte.

Es gehörte fast zum guten Spiel der Demokratie westlichen Zuschnitts, dass ein nicht unerheblicher Graben zwischen der *working class* (kurz: dem Steuerzahler) und der *chattering class* (kurz: der Bildungselite) bestand, dessen völliges Auseinanderdriften wie in einem Spagat eine Regierung zu verhindern trachten musste. Die dadurch entstehende Dynamik setzte Diskursenergie und intellektuelle Kräfte frei. Gleichzeitig blieb dem linken Zeitgeist erspart, in irgendeine Verantwortung treten zu müssen, was – so darf man vermuten – der Idealzustand der *chattering class* ist.

Angela Merkel jedoch hat den Zeitgeist in die Regierungsverantwortung erhoben, die „schnatternde Klasse“ als praktische Vernunft geadelt und das Hochtechnologieland Deutschland einer Bildungselite ausgeliefert, die Fortschritt allein als moralischen Fortschritt definiert und den technischen verabscheut. Aber schon Sören Kierkegaard wusste: „Wer sich mit dem Zeitgeist vermählt, wird bald Witwer sein!“

Dieses Grundprinzip einer funktionierenden Gesellschaft – Wenige eilen als Ewigmorgige voraus und dürfen den vielen Anderen ihre Ewiggestrigkeit vorwerfen –, galt ab August 2015 als aufgehoben. Obwohl keine Partei im deutschen Bundestag ein Regierungs- oder Wahlkampfprogramm formuliert hatte, das dem, was dann mit dem 25. August 2015 einsetzte, auch nur im Entferntesten entsprach, gab es faktisch keine Opposition und keinen Widerspruch mehr. Auch die im Politikbetrieb lautesten Fürsprecher der offenen Grenzen und der unkontrollierten Einwanderung hatten es auf merkwürdige Weise versäumt, sich bei den letzten Bundestagswahlen zwei Jahre zuvor für eben genau das wählen zu lassen, was sie dann 2015 so sehnsüchtig herbeiredeten. Jetzt, wo die Gunst der Stunde gekommen war, gab es kein Halten mehr. Auf einmal wurde als Rettung verkauft, was nie Programm einer halbwegs ernstzunehmenden Partei war.

Wie aus dem Nichts bekam Deutschland „jetzt plötzlich Menschen geschenkt“ (Katrin Göring-Eckardt von den Grünen) und habe dadurch, dass „sich Deutschland verändern wird und zwar drastisch – und ich freue mich drauf!“ (ebendie) endlich die Chance „ein besseres Land zu werden“ (nochmals Katrin Göring-Eckardt). Es klang alles stark nach protestantischem Kirchentag, was die deutschen Politiker da von sich gaben. Erlösungsphantasien waren auf einmal mit Händen greifbar.

Bei Frau Göring-Eckardt, die nicht zufällig von 2009 bis September 2013 Präses der Synode der Evangelischen Kirche in Deutschland gewesen war, blitzte der protestantische Messianismus am deutlichsten auf. Aber auch bei Kanzlerin Merkel, die einer protestantischen Pastorenfamilie entstammt, und Bundespräsident Joachim Gauck, selbst lange Jahre als Pastor tätig, wurde in der Verargumentierung der offenen Grenzen der Einfluss religiöser Heilserwartung auf die Politik deutlich. Das vollständige Zitat von Katrin Göring-Eckardt endet folgendermaßen: „... ich freu’ mich drauf, vielleicht auch, weil ich schon mal eine friedliche Revolution erlebt habe. Dieses hier könnte die sein, die unser Land besser macht.“*

Man ist allzu leicht geneigt, die Worte der Grünen-Politikerin einfach zu überlesen, wird doch in der Politik so viel dummes Zeug geschwätzt. Aber hier lohnt ein kurzes Verweilen, denn manchmal denkt und spricht „es“ aus den Politikern, so dass man einen Blick auf das innerseelische Gefüge erhält. Bei Frau Göring-Eckardt offenbart sich eine narzisstische Kränkung,

* Grünen-Parteitag in Halle/Saale vom 20.11.2015

die aus ihrer DDR-Biografie herrührt. Beides – Biografie und Kränkung – verbindet sie mit Angela Merkel.

„… ich freu' mich drauf, vielleicht auch, weil ich schon mal eine friedliche Revolution erlebt habe. Dieses hier könnte die sein, die unser Land besser macht." Frau Göring-Eckardt meint mit der friedlichen Revolution, die sie schon erlebt hat, die von 1989, die zum Zusammenbruch der DDR führte. Und nun freue sie sich auf eine weitere – gemeint ist der Zuzug von Millionen „Flüchtlingen" –, und diese könne endlich die friedliche Revolution sein, die das Land besser mache – während die friedliche Revolution von 1989 dieses Land leider nicht besser gemacht habe, weil sich ganz offenbar Revolution in Deutschland mit den Deutschen nach 1990 nicht machen ließ. So sollen jetzt Millionen Migranten aus aller Welt die „Revolution" nach Deutschland tragen und den Staat – wie einst die DDR – zusammenbrechen lassen. Das ist schon starker Tobak.

Nur der Ehrlichkeit halber sollte angefügt werden, dass auch die katholische Kirche an dem Rennen um die erlösendste Erlösung Deutschlands teilnehmen wollte. In Erinnerung und exemplarisch dafür bleibt der Ausspruch des Kölner Kardinals Rainer Maria Woelki: „Deutschland leuchtet in diesen Wochen und macht Europa hell."*

Die Zeiten, in denen die Fähigkeit der Deutschen, Notstände mit Begeisterung zu bejubeln, einen eher zweifelhaften Ruf genoss, schienen der Vergangenheit anzugehören.

Keine Lüge, keine Unwahrheit war zu groß und zu absurd, als dass sie ab September 2015 nicht salbungsvoll und mit Inbr-

---

* DIE WELT vom 20.9.2015

unst den Menschen im Land als reine Lehre verkauft werden sollte. Und das Trommelfeuer der Medien lief auf Hochtouren. Das zeitlich erste Argument war, wie bereits im vorigen Kapitel ausgeführt, der „humanitäre Imperativ", der Deutschland darauf verpflichtete, die Welt – wenn nötig – im Alleingang retten zu müssen. Der bis dahin geltende politische Konsens, dass man von allgemeingültigen Werten, von Humanismus und Freiheit, von Moral und Demokratie spricht, dann aber politische Entscheidungen trifft, die die eigene Interessenslage abzusichern helfen und bei allem Absolutheitsanspruch der Werte doch Kalkül, Vernunft und Praktikabilität als erklärtes Ziel haben – dieser Konsens war aufgehoben. Und so leuchteten die Deutschen und machten Europa so hell, dass es unter ihrem gleißenden Licht zerbrach.

Natürlich hat Deutschland als Mittelland, Nutznießer und Hegemon ein elementares Interesse am Fortbestand der EU und des Euro. Und natürlich hat Deutschland ebenso ein Interesse daran, dass die fragilen Balkanstaaten im Zuge tausender Wandernder in den europäischen Norden nicht im Chaos versinken und bürgerkriegsartige Zustände gebären. Sicherlich hat es auch einer großen europäischen Geste bedurft, um den Osten Europas nicht vollends zu destabilisieren. Und dass ein zerstrittenes Europa dazu nicht in der Lage war, hat Deutschland die undankbare Aufgabe zugespielt, eine großzügige Regelung zu initiieren. Nur hat das alles mit dem Primat des Humanismus nichts zu tun, sondern mit deutschen Interessen und deutschen Möglichkeiten.

In enger Absprache mit den Partnerländern im Osten – allen voran Ungarn, Tschechien, Kroatien und Österreich – hätte Deutschland seine Hilfe anbieten und eine gemeinsame Lösung anstreben können. Eine unbürokratische Aufnahme von vielleicht 100.000 Balkanwandernden wäre die Folge gewesen. Nur, zeitgleich hätten deutliche Signale in die Welt ausgesandt werden müssen, die allen Wanderungswilligen klipp und klar vor Augen geführt hätten, dass Deutschland nicht bereit ist, Menschen aus allen Herren Länder aufzunehmen: Nach dem Abfließen der Hunderttausend hätte die Einreise von Asylbewerbern aus allen anderen Ländern außer Syrien mit dem Argument der Obergrenze ausgesetzt werden müssen; zeitgleich wäre Syrern in den jordanischen und türkischen Flüchtlingslagern bereits in Aussicht zu stellen gewesen, dass nach einem Asylantrag vor Ort der Transport mit bundeseigenen Schiffen und Flugzeugen nach Deutschland vorgenommen würde, und selbstverständlich hätten Familien mit Kindern Vorrang haben müssen.

An den Grenzen zwischen Griechenland und Mazedonien wäre es eine gewisse Zeit zu unschönen Szenen der Abwehr gekommen, aber diese wohltemperierten Gemeinheiten hätten die Vernunft Europas gestärkt und die Migrationskrise als europäische Aufgabe in den Fokus gerückt. Stattdessen: Ein vom selbstverliebten Humanismus trunkenes Deutschland agierte im Alleingang und verkündete offensiv die Absenz jeder Obergrenze für die Wanderungswilligen. Was hätte eigentlich noch passieren müssen, um das nicht als Einladung zu verstehen?

Die Lügen

Für viele Deutsche war der September 2015 eine Art der Selbstbefreiung und Läuterung. Endlich durften sie aus dem Korsett der Realpolitik aussteigen und mal wieder echte Idealpolitik machen: keine Grenzen, keine Kontrolle, keine Limitierungen, keine Nationalitäten, keine Religionen. Nur noch das Absolute der guten Gesinnung zählte. Der infantile Traum von der einen Menschheit, in der sich alle lieb haben, wurde für sechs lange Monate Regierungsprogramm.

In Anlehnung an die Fußballweltmeisterschaft im eigenen Land 2006, als bei strahlendem Sommerwetter die „Welt zu Gast bei Freunden" war, wurde das unkontrollierte Eindringen von hunderttausenden Fremder auch in den nicht unseriösesten Medien als „Sommerrefugeemärchen"* gefeiert, das den kleinkindlichen Komplex der Deutschen, vom Rest der Welt nicht mehr geliebt zu sein, endlich kompensierte. Und wer nicht spurte, war ein menschlicher Lump, besser noch ein „Defätist"**, wenn nicht gleich ein Nazi in Nadelstreifen.

Die Volksvertretung des deutschen Volkes, der Bundestag, schaffte es noch nicht einmal, eine Generaldebatte über die wohl wichtigste Entscheidung seit der deutschen Wiedervereinigung 1990 abzuhalten. Und die Kanzlerin? Sie hielt ihre Regierungserklärung in einer Sonntags-Talkshow, in der sie mehrmals betonte, dass Deutschland seine Grenzen nicht

---

* Roland Nelles, Mitglied der Chefredaktion bei SPIEGEL ONLINE am 14.9.2015

** Alan Posener in DIE WELT vom 26.10.2015

schützen könne („Wie soll das gehen?") und dass eine Obergrenze mit dem deutschen Grundgesetz nicht vereinbar sei.* Deutschland hatte seinen Außenschutz restlos aufgegeben und ließ sich mit Freuden überrennen. Und an den Grenzen, in den Bahnhöfen und Aufnahmelagern herrschte der Ausnahmezustand.

Nochmals zur Erinnerung: Ein Regionalkonflikt in einem 3.000 Kilometer entfernten Kleinstaat, mit dem weder kulturell, politisch noch wirtschaftlich enge Verbindungen bestehen, abgepuffert durch mehr als ein halbes Dutzend befreundeter und verbündeter Länder, führt in Deutschland und in Europa dazu, dass das Chaos ausbricht. Und weder die Regierung noch die Bundestagsabgeordneten wollen sich imstande sehen, dieses Chaos, das zum spektakulärsten Staatsversagen seit 1945 führt, aufzuhalten. Im Gegenteil: Auf merkwürdige Weise schien dieses Staatsversagen einer geheimen Sehnsucht der Eliten und ihrer medialen Zuträger entgegenzukommen. Wo in einem Notstand Vernunft und Pragmatismus regieren müssen, schien eine fast libidinöse Lust an der Überwältigung und Inbesitznahme zu herrschen.

Der Bürgerkrieg in Syrien war zu keinem Zeitpunkt der Hauptgrund für die Völkerwanderung, wie sie im August 2015 dann Deutschland erreichte. Sieht man sich die Zahl der Asylbewerber genauer an, stellt man fest, dass Menschen aus Syrien weniger als die Hälfte aller Asylanträge in Deutschland in den Jahren 2015 und 2016 gestellt haben.[10)]

Der Bürgerkrieg in Syrien und die schrecklichen Bilder, die tagtäglich über die Monitore flimmerten, waren der Vorwand,

---

* am 7.10.2015 bei Anne Will, ARD

die Wanderungsbewegung aus dem islamischen Bogen und anderen gescheiterten Armenregionen dieser Erde moralisch zu legitimieren. Zu jedem Zeitpunkt machten die Antragsteller aus anderen Ländern wie dem Irak, Afghanistan oder Eritrea den Großteil aus, der „syrische Flüchtling" jedoch wurde zum Symbol des deutschen Humanismus. Die ganz eigenen Probleme, die es mit sich bringt, wenn eine Vielzahl von Menschen aus archaischen Clan-Gesellschaften in ein Hochtechnologieland wie Deutschland eindringen, wurden solange weggeredet, bis die Menschen schließlich im Lande waren.

Und ARD und ZDF sendeten fleißig weiter Berichte über die geschundenen „Flüchtlinge", die anfangs nur aus Familien mit Kleinkindern zu bestehen schienen. So gab ARD aktuell-Chefredakteur Kai Gniffke im Oktober 2015 zu, dass die Tagesschau und die Tagesthemen nicht immer ein richtiges Bild der nach Deutschland drängenden Flüchtlinge zeigten. Gniffke: „Wenn Kameraleute Flüchtlinge filmen, suchen sie sich Familien mit kleinen Kindern und großen Kulleraugen aus." Tatsache sei aber, so Gniffke weiter, dass „80 Prozent der Flüchtlinge junge, kräftig gebaute alleinstehende Männer sind".*

Die Begeisterung so vieler Deutscher für die Eingewanderten mutete wie eine späte Wiedergutmachung für eine historische Schuld an, die seit 1945 wie ein Mühlstein auf vielen deutschen Seelen lastete. Endlich werde Deutschland ein besseres Land, hieß es, ganz so als sei Deutschland die letzten siebzig Jahre ein schäbiges und schlechtes Land gewesen. In einem Notstand alle praktische Vernunft über Bord zu werfen mit dem Hinweis, man könne die Grenzen nicht schließen und eine

---

* Zitiert nach focus.de vom 19.10.2015

Obergrenze für Einwanderung gäbe es in Deutschland nicht, und stattdessen mit Begeisterung diesen Notstand ad infinitum verlängern zu wollen, war in der Tat etwas historisch Einmaliges, für das sich die Deutschen selten zu schade sind. So wie die Deutschen 70 Jahre vorher die Welt überrollt hatten, so ließen sie sich jetzt von der Welt überrollen. Die Begeisterung und der Pathos waren beide Male ähnlich.

Die Wortwahl vieler deutscher Politiker nach dem August 2015 befremdete. Martin Schulz, damaliger Präsident des Europaparlaments und späterer SPD-Kanzlerkandidat, glaubte zu wissen, die „Flüchtlinge seien wertvoller als Gold", was dann die Vertreter deutscher Großkonzerne dazu veranlasste, zu behaupten, die „Flüchtlinge" seien jung und hochmotiviert und könnten ein zweites Wirtschaftswunder in Deutschland entfachen (Dieter Zetsche, Chef der Daimler AG). Ein Jahr später hatte das Staatsunternehmen Deutsche Post 50 Flüchtlinge vornehmlich im Sortierzentrum eingestellt, während die anderen 29 Dax-Konzerne inklusive Daimler insgesamt auf die wenig imposante Zahl von zusammen vier (!) Flüchtlingen kamen.

Jeder, der ein wenig Einblick in die Kriterien und Auswahlverfahren für das Mitarbeiter-Recruiting hochspezialisierter Industrieunternehmen hat, wird davon wenig überrascht gewesen sein. Ob die Vorstände der mit der deutschen Politik durchaus zu Kungeleien neigenden Großkonzerne wirklich daran geglaubt hatten, dass Deutschland mit den „Flüchtlingen" hochmotivierte und bestens ausgebildete Akademiker und Facharbeiter bekäme, oder ob es eher eine flankierende Maßnahme war, um sich die Politik bei der künftigen Vergabe von Großaufträgen genehm zu halten, wird das Geheimnis von Zetsche & Co bleiben.

Was jedoch nicht abgestritten werden kann: Großaufträge hatte die Politik in der Folgezeit wirklich zuhauf zu vergeben. Denn seitdem die „Flüchtlinge“ im Land sind, müssen nicht nur tausende Sprachlehrer, Psychologen und Sozialarbeiter eingestellt, sondern auch Milliardensummen in den Wohnungsbau investiert werden. Ein Boom, zweifelsohne, aber ob Herr Zetsche mit Wirtschaftswunder wirklich meinte, dass die von deutschen Arbeitnehmern und Unternehmen erwirtschafteten Steuergelder nun vom Staat an die „Flüchtlinge“ umverteilt werden sollten, dürfte fraglich sein. Denn was sich auch trotz aller Jubelarien herausgestellt hat: die Migranten besitzen eben mehrheitlich nicht die Fähigkeiten und oft nicht einmal den Willen, sich an die Standards eines Hochtechnologielandes anzupassen. Dass nun Steuergelder, die jahrelang für die eigene prekäre Bevölkerung, die unter der immer rigider werdenden Sozialgesetzgebung zu leiden hatte, nicht zur Verfügung standen, auf einmal für die „neu ins Land Gekommenen“ völlig problemlos, ja sogar mit Begeisterung ausgegeben werden durften, mutet ebenfalls merkwürdig an. Das oft zitierte Wirtschaftswunder könnte sich bei näherem Hinsehen nicht als Marshallplan für technischen Fortschritt, sondern als neuer Morgenthauplan zur Deindustrialisierung des Landes entpuppen. Zu vermuten, damit sei endlich eine ***Kultur des Weniger***[6)] in Gang gesetzt, die von so vielen linken Kapitalismuskritikern gefordert wird, scheint nicht ganz abwegig. Zumindest könnte dies ein Subtext der linken Begeisterung sein.

Als dann die ersten Erhebungsergebnisse durchsickerten, dass die „Flüchtlinge“ doch nicht so hoch qualifiziert seien wie es in den ersten Wochen doch allenthalben geheißen hatte, wurde der nächste Ball aufs Spielfeld gerollt: die Demographie. Deutschland sei ein vergreisendes Land, hieß es nun, und brauche dringend junge Menschen, um den Geburtenrückgang auszugleichen. Mit durchschnittlich 1,5 Kindern pro Frau in Deutschland 2015 nimmt die Bevölkerung ab, zu einem gleichbleibenden Bevölkerungsstand braucht es jedoch durchschnittlich 2,1 Kinder. Und irgendjemand müsse doch den Alten schließlich die Renten erwirtschaften.

Nun ist es eine noble Geste, Flüchtlingen einen sicheren Hort zu bieten. Sie jedoch dafür zu instrumentalisieren, dass sie für nachfolgende Generationen die Renten erwirtschaften sollen, zeigt eben recht anschaulich, dass die „Flüchtlinge“ für die meinungsbildende Klasse immer schon Migranten waren, die dieses Land nie wieder zu verlassen hätten. Ein Flüchtling verlässt das Land seiner Flucht, sobald in seinem Heimatland wieder Frieden herrscht. Flüchtlinge lösen kein demographisches Problem und füllen keine klammen Rentenkassen. Für die Einwanderung in den Arbeitsmarkt hat jedoch ein Einwanderungsgesetz zu sorgen und kein Asylgesetz. Egal, wie man es mit den Flüchtlingen hielt, hier wurde gelogen, dass sich die Balken bogen.

Zum Erwirtschaften von Renten gehört eine gehörige Portion Qualifikation, die in einem Punktesystem zu eruieren wäre, und nach der dann Migration oder Einwanderung gesteuert erfolgen könnte. Alle klassischen Einwanderungsländer von Australien bis Kanada verfahren eben so. Die niedrige und unpassende Qualifikation, wie sie die „Flüchtlinge“ in Deutschland aufweisen, lassen das Erwirtschaften von Renten eher unwahrscheinlich erscheinen. Das Versacken in den Sozialsystemen und damit ein Durchschleppen auch der „Flüchtlingsgeneration“ mithilfe der immer kleiner werdenden arbeitenden Bevölkerung, ist dagegen sehr wahrscheinlich. Damit dürfte den um 2030 ins Rentenalter Eintretenden eher nicht geholfen sein.

Was aber noch mehr irritiert: einige Monate vor den „geschenkten Menschen“ wurde sehr intensiv darüber debattiert, welche Auswirkungen ***Industrie 4.0*** auf den Arbeitsmarkt haben werde. ***Industrie 4.0*** steht dabei für eine Form der Industrie, wie sie sich in einem Hochtechnologieland wie Deutschland immer deutlicher abzuzeichnen beginnt: Der Anteil der manuellen Arbeit für echte Menschen nimmt rapide ab und die Qualifikationsansprüche an die Menschen nehmen ständig zu. Die weniger spezialisierten Tätigkeiten werden sukzessive – und dieser Vorgang hat schon eingesetzt – mithilfe der Robotik durchgeführt. Nun zu meinen, „Flüchtlinge“ – und zudem noch aus Regionen, in denen die religiöse Selbstverwirklichung wichtiger ist als die Selbstverwirklichung durch Arbeit – würden das Problem, „immer weniger Menschen in Arbeit müssen immer mehr Rentenempfänger durchfüttern“, lösen können, ist mehr dem Zwang nach politischer Legitimation, denn der wirtschaftlichen Vernunft geschuldet.

Das ehrliche Bild, das vor dem geistigen Auge entsteht, ist folgendes: Deutschland mit seiner momentanen Wirtschaftskraft öffnet sich für das gesamte Weltprekariat aus vornehmlich islamischen ***failed states***, weil es schlicht die Verpflichtung hat, für die Nazi-Verbrechen vor 70 Jahren allen diesen Menschen Gutes zu tun und seinen Reichtum mit ihnen bedingungslos zu teilen. Die Hinnahme von religiösem Fanatismus, Antisemitismus, Frauenfeindlichkeit, Clan-Strukturen, hoher Gewaltbereitschaft und edukativer Indifferenz hat dieses Deutschland als Bereicherung zu empfinden, weil dieses Andere und Fremde eben allemal besser ist, als das von alten weißen Männern bisher Dominierte.

Da jedoch nur politische Amokläufer sich zu dieser Ehrlichkeit bekennen, heißt es zur Verbrämung dann gerne, Deutschland brauche aber Zuwanderung und so seien offene Grenzen und unkontrollierte Einwanderung zu rechtfertigen. Abgesehen davon, dass Zuwanderung mit Flucht und Asyl in keinem Zusammenhang stehen, ist beileibe auch diese Notwendigkeit nach Zuwanderung weder gottgegeben noch alternativlos. Ein Blick nach Japan reicht völlig aus, um den entgegengesetzten Weg in den Fokus zu rücken: keinerlei Zuwanderung bei noch größerem demographischen Rückgang. Eine höhere Altersarmut und das Abschmelzen der Rentenansprüche wird zugunsten des gesellschaftlichen Zusammenhalts in Kauf genommen. Dass der japanische Weg selbstredend ebenfalls mit Problemen gepflastert ist, sollte nicht verschwiegen werden. Und ob ein Inselstaat wie Japan für ein Mittel- und Durchgangsland wie Deutschland als Vorbild dienen kann, ist ebenfalls fragwürdig. Nur mit Industrie 4.0 und immer weiter zurückgehenden menschlichen Arbeitsmöglichkeiten, laufen Hochtechnologieländer vielleicht ohnehin auf ein Modell eines gesicherten Grundeinkommens hinaus, in dem die Robotik ähnlich besteuert wird wie heute die menschliche Arbeitskraft. Dann wiederum ist ein Bevölkerungsrückgang für den sozialen Frieden und für ein erfolgreiches Wirtschaften nicht unbedingt von Nachteil, der soziale Zusammenhalt jedoch von größtem Vorteil.

Weiterhin könnte das Zuwanderungsthema in einem Europa, das vor allem in den südlichen Ländern unter höchster Jugendarbeitslosigkeit ächzt, einen ganz anderen Stellenwert innerhalb des Binnenraums einnehmen. Sollte die Personenfreizügigkeit innerhalb der EU bestehen bleiben, so wird die Sogwirkung der wirtschaftsstarken Länder wie Deutschland sowieso eine Dynamik entfalten, in deren Zuge junge Griechen, Spanier, Portugiesen und Italiener den Weg zur Arbeit in den Norden antreten, so wie heute schon viele Mitteldeutsche nach Stuttgart oder München zur Arbeit ausweichen.

Einer der Grundpfeiler der EU war immer der freie Warenwie auch der freie Menschenverkehr. Warum dann Armutszuwanderung aus völlig kulturfremden Weltgegenden noch notwendig ist, obwohl in Griechenland, Spanien und Italien die Jugendarbeitslosigkeit über 40% beträgt, erschließt sich nicht auf den ersten Blick und auch nicht auf den zweiten. Eine europäische Lösung des qualifizierten Zuwanderungsdrucks und der Lösung der Jugendarbeitslosigkeit aus Ländern, in denen kulturähnliche Vorgaben herrschen, stehen viel zu wenig im Fokus. Dass Europa einer der am besten funktionierenden Vielvölkerstaaten ist und der Riese in seiner Mitte überhaupt kein Problem damit hat, die verschiedenen europäischen Völker in die Mitte seiner Gesellschaft zu integrieren, zeigt doch, dass es nicht Fremdenfeindlichkeit und Rassismus sind, die einem gesunden und tragfähigen Deutschland im Wege stehen.

Als Angela Merkel ihr Flüchtlings-Hochamt ohne Beteiligung des Bundestags am Mittwoch des 7. Oktober 2015 bei Anne Will zelebrierte, gab es drei mantrahaft vorgetragene Gründe für ihr selbstverständlich alternativloses Handeln. Da war zum einen die Behauptung, Deutschland könne seine Außengrenzen nicht schützen. Hätte sich die Bundeskanzlerin bei Anne Will aufs Sofa gesetzt und hätte sie gesagt: „Ich, die deutsche Bundeskanzlerin, WILL die deutschen Außengrenzen nicht schützen", ihre Aussage wäre keine Lüge gewesen. Aber auf die Frage von Frau Will, ob man die Grenzen nicht schließen möge, mit der Gegenfrage zu antworten: „Wie soll das gehen?" – und das als deutsche Bundeskanzlerin, deren Aufgabe es selbstverständlich ist, das Hoheitsgebiet ihres Landes zu schützen –, ist wirklich nur noch schwer als Dreistigkeit zu bezeichnen. Das Gespräch mit Anne Will ereignete sich übrigens nicht wenige Tage nach dem Entscheid der Kanzlerin, die Grenzen für alle offen zu lassen, sondern einen ganzen Monat später – eine Zeitspanne, die sich durchaus dafür geeignet hätte, Maßnahmen der Grenzsicherung vorzunehmen.

Das zweite Argument der Kanzlerin war das der Einforderung von Solidarität durch die europäischen Partner. Auch dieses Argument ist in seiner logischen Inkonsistenz nur schwer auszuhalten. Einige Monate vorher hatte sich Deutschland standhaft geweigert, den Griechen auch nur einen müden Euro zu erlassen mit der Begründung, dies würde Nachahmer animieren, ebenfalls über die Verhältnisse zu wirtschaften und die Griechen für ausgebliebene Haushaltsdisziplin auch noch belohnen. Diese Argumentation wollte die deutsche Bundeskanzlerin jedoch partout nicht auf sich selbst angewandt wissen. Statt „Macht hoch die Tür, die Tor macht weit" zu rufen und Selfies mit den „Flüchtlingen" zu schießen, hätte die Kanzlerin ein wenig staatsmännische Disziplin und multilaterale Absprachen beherzigen sollen, was – so behaupten böse Zungen – ihrem Wunsch nach einem Friedensnobelpreis jedoch so gar nicht entgegengekommen wäre. Sich selbst und Deutschland als moralische Weltmeister feiern zu lassen, dabei die anderen Länder in den rechten Gesinnungsdreck zu stoßen und dann auch noch zu fordern, jetzt müssten alle Europäer doch bitte zusammenstehen – das ist schon eine Leistung, an der diplomatischer als die Flüchtlingskanzlerin agierende Menschen bereits gescheitert sind.

Die Forderung nach „europäischer Solidarität" war natürlich eine dreiste Unverschämtheit, die die europäischen Partner auch brüsk zurückwiesen. Dabei sollte man den Schwarzen Peter durchaus nicht den Ungarn oder Tschechen zuspielen; ein Blick nach Frankreich reicht da schon aus. Der recht trockene Satz des damaligen französischen Premierministers Valls über die Migrantenströme und Frankreichs Aufnahmebereitschaft bleibt in Erinnerung: „Wir haben sie nicht eingeladen."* Gemeint war: Es war Merkel. Was die deutsche Bundeskanzlerin mit ihrem „heiligen moralischen Reich deutscher Nation" jedoch erreichte: Die deutschen Medien und die deutsche Öffentlichkeit hatten ein neues Feindbild: das unsolidarische Europa. Und niemand merkte, welch bösartige nationalistische Karte Angela Merkel da gespielt hatte: Wir, die Deutschen, sind doch die Guten, da geht es doch nicht an, dass die anderen unsere Güte nicht teilen. Deutsches Herren-Moral-Denken fühlte sich nie besser und sauberer an als im Spätsommer 2015.

Diese nationalistische Karte spielte Merkel nochmals voll aus, als vier Monate später, am 7. März 2016, die Visegrád-Staaten mit Hilfe von Österreich die Grenzen zwischen Mazedonien und Griechenland schlossen, ohne Deutschland dabei zu konsultieren. Statt den Ländern zu danken und eine enge Kooperation anzubieten, schimpfte die Bundeskanzlerin wie ein Rohrspatz. Sie sei enttäuscht, hieß es und „Österreich nicht dankbar." Das Zetern der deutschen Kanzlerin kommentierte der ungarische Ministerpräsident Viktor Orban trocken mit den Worten: „Eine Grenze kann nicht mit Blumen und Kuscheltieren verteidigt werden." Grenzen also nicht schließen zu können, wie Angela Merkel bei Anne Will insinuierte, war

---

* Zitiert nach NZZ vom 30.1.2017

schlicht eine Lüge. Die deutsche Bundeskanzlerin WOLLTE sie einfach nicht schließen.

Nur eines hatte sie damit erreicht: Die Deutschen hatten sich vollends zum moralisch besten Volk der Erde aufgeschwungen und konnten die anderen nun aus vollen Stücken über Herzensgüte und Offenheit belehren.

Das dritte und letzte Argument, das die Bundeskanzlerin nicht müde wurde anzuführen, war das der „Bekämpfung der Fluchtursachen". Für deutsche Ohren klang das nur allzu schön. Man hielt also die Grenzen offen und bekämpfte trotzdem irgendwas, nämlich die Fluchtursachen. Nur: Was eigentlich genau waren die Fluchtursachen: bittere Armut, versagende staatliche Strukturen, Bevölkerungsexplosion, Bürgerkrieg. Und was genau war Deutschland, das seinen Wehretat zusammengestrichen, die Entwicklungshilfe reduziert und international auf das falsche Pferd gesetzt hatte, nun bereit zu tun, um die Fluchtursachen zu bekämpfen? In den syrischen Bürgerkrieg ziehen? Länder wie Eritrea demokratisieren? Den Irakern deutsche Finanzämter bringen? In Gambia Verhütungsmittel verteilen? Die intellektuellen Zumutungen, die die deutsche Bundeskanzlerin ihrem Volk einschenkte, waren für denkende Menschen fast nur noch eine Abfolge von Beleidigungen. Und trotzdem wurden die Medien nicht müde, Angela Merkel und ihr Handeln als alternativlos zu preisen. Es war ein Veitstanz, dem man da beiwohnte.

Hätte Angela Merkel die Anreize, die sie und das deutsche Sozialsystem so gerne ausstrahlen, zurückgefahren, es wäre die beste Art der Fluchtursachenbekämpfung gewesen.

Am 14. Oktober 2015 erschien in der Süddeutschen Zeitung vom selbsternannten Terrorismusexperten Georg Mascolo ein Stück mit der Überschrift: „Die Mär vom eingeschlichenen Terroristen“. Es sollte dazu dienen, diejenigen Stimmen in der Gesellschaft, die in der Preisgabe jeglicher Kontrollen an den deutschen Grenzen eine Erhöhung der Terrorgefahr zu erkennen meinten, zu Märchenerzählern abzustempeln. Islamische Terroristen bräuchten doch keine offenen Grenzen, um Anschläge in Europa durchzuführen, war der Tenor. Außerdem würden die Kämpfer vom IS in Syrien und dem Irak gebraucht. Die Einschätzung Mascolos hielt keinen ganzen Monat. Am Abend des 13. November 2015 überrollte eine beispiellose Welle von Terrorattacken die französische Hauptstadt Paris: Ein voll besetztes Fußballstadion, Cafés, Restaurants und der Musikclub Bataclan waren das Ziel der Attentäter. Insgesamt 130 Menschen wurden bestialisch ermordet. Einige der Attentäter und ihre Helfer waren, so stellte sich kurze Zeit später heraus, im September 2015 über Ungarn und Deutschland nach Frankreich eingereist. Auch dieses Lügenkapitel, dass offene Grenzen auf die innere Sicherheit ganz Europas keinen Einfluss hätten, konnte schnell wieder geschlossen werden.

Der Wunsch der Deutschen, eine Gefahrenbeurteilung auszusetzen oder zumindest in die Richtung vorzunehmen, dass keinerlei Gefahr von offenen Grenzen und unkontrollierter Einwanderung ausgehe, kann man im Nachhinein nur noch als psychiatrisches Problem begreifen. Jeder Tapetenkleister, jeder Bauklotz, jedes Maiskorn und jeder Magentropfen wird in Deutschland peinlichst genau behördlich geprüft, ob im Voraus definitiv auszuschließen sei, dass im Nachhinein ein Schaden möglicherweise auf Dauer drohen könnte. Eine Million Menschen hingegen, die ohne Ausweis mit Handy über die Grenze kommt, wird unhinterfragt für ungefährlich und sozialkompatibel gehalten, obwohl sie aus Individuen besteht, die allesamt wahrscheinlich herkunftsbedingt akut traumatisiert sein dürften. Und das ist noch die wohlwollende Interpretation der später erfolgten Gewaltausbrüche.

Mit der Zeit schienen sich die Menschen in Deutschland an das bewusst und willentlich herbeigeführte Staatsversagen gewöhnt zu haben. Auch als sich der Attentäter am Berliner Breitscheidplatz, der am 19. Dezember 2016 mit einem Schwerlaster in den Weihnachtsmarkt gerast war und 12 Menschen in den Tod riss, als „Flüchtling" entpuppte, der mit insgesamt 14 verschiedenen Identitäten bei deutschen Behörden geführt wurde, regte sich in Deutschland zwar Unmut über diese staatliche Bankrotterklärung, aber weder die Bundeskanzlerin noch der Bundesinnenminister fühlten sich bemüßigt, Verantwortung zu übernehmen oder gar zurückzutreten. Auch die Grünenpolitikerin Katrin Göring-Eckardt, die noch am 15. November 2015 vollmundig behauptet hatte, dass „Willkommenskultur der beste Schutz vor Terroristen" sei, hat diese fulminante Lüge bis heute weder bedauert noch zurückgenommen. Und Ralf Jäger, Innenminister Nordrhein-Westfalens, unter dessen Ägide schon das Versagen und Vertuschen Silvester 2015 gefallen war und dessen Bundesland auch für die Betreuung des Breitscheidplatz-Mörders verantwortlich zeichnete, blieb ebenfalls im Amt.

Niemand schien einen Fehler begangen zu haben, alles lief, wie es sollte, nur das System musste etwas justiert werden. So ist das halt mit dem Schlaf der Vernunft, der Ungeheuer gebiert. Als Kollateralschäden für die gute Moral werden die Toten von der Mehrheit der Bevölkerung offensichtlich in Kauf genommen.

Wer glaubt, die kriminelle Biografie des Berlin-Attentäters sei ein Einzelfall, glaubt höchstwahrscheinlich auch daran, dass sich alle elf Minuten ein Single über Parship verliebt. Mit vierzehn verschiedenen Identitäten hatte er sich durch das deutsche Sozialsystem hindurchschmarotzt. Er war als Islamist aufgefallen, saß in europäischen Gefängnissen, tat sich als Drogendealer in Berlin hervor und wurde vom Verfassungsschutz beobachtet. Und trotzdem will das deutsche Flüchtlingssystem keine Fehler begangen haben. Die ungeheure Tristesse, dass die deutschen Steuerzahler ihre eigene Ermordung auch noch finanzieren müssen, wird dann schon gar nicht mehr zur Kenntnis genommen.

Der Mann, mit dem sich der Berlin-Attentäter am Vorabend des Anschlags in Berlin traf, war sogar mit achtzehn verschiedenen Identitäten gesegnet. Er wurde nicht wegen Beihilfe zum Terrorismus, sondern wegen Betrugs ins Gefängnis gesteckt. Auch der Mann, der fälschlicherweise am Tag des Anschlags als mutmaßlicher Attentäter von der Polizei festgenommen wurde, und von dem sich herausgestellte, dass er nichts mit dem Anschlag zu tun hatte, war zumindest „der Polizei bereits bekannt".

Und jedes Mal, wenn ein etwas strengerer Blick auf die „Flüchtlinge" fällt, entpuppt sich das deutsche System als nachlässig, blind und überfordert. Dies als Einladung zum Sozial- und Asylmissbrauch zu verstehen, hat sich selbstverständlich bis in den Sudan herumgesprochen. Als Nadja Ni., eine Mitarbeiterin der Erstaufnahmeeinrichtung der Stadt Braunschweig, stichprobenartig einige „Flüchtlinge" überprüft, kommt sie mit mehr als 300 Verdächtigen allein für Braunschweig einem groß angelegten Missbrauch vor allem durch Sudanesen auf die Spur. Sie gibt ihre Recherchen an ihren Chef weiter, der jedoch kein Interesse an der weiteren Verfolgung zeigt. Erst als sie mit ihren Informationen zur Polizei geht, fliegt der Schwindel Anfang 2017 auf. Ihr Vertrag mit der Stadt Braunschweig wird nicht verlängert, sie ist inzwischen arbeitslos.*

Das Rechtsempfinden der Bürger wird mit einer Hartnäckigkeit ausgehöhlt, dass man meinen könnte, die politische Klasse nähme einen Bürgerkrieg schulterzuckend in Kauf. Der Bundesjustizminister fühlt sich mehr verpflichtet, die Brutalisierung der Sprache im Netz zu bekämpfen als die Brutalisierung der Lebenswirklichkeit. Zumindest ist eine saftige Ansprache an die Neubürger in Deutschland bisher nicht bekannt.

Es überrascht die Ruhe, mit der die Mehrheit der Deutschen diese verfehlte und noch die nächsten Generationen belastende Politik in Kauf zu nehmen bereit ist und diejenigen als größte Feinde des Gemeinwesens ansieht, die gegen die Politik der Kanzlerin zu opponieren sich noch trauen. Wie viele Anschlags-Tote, von sogenannten Flüchtlingen überfallene, ins Krankenhaus geprügelte, ermordete oder bloß vergewaltigte Einheimische hätten mit ein wenig unfreundlicherem Gesicht verhindert werden können? Und wer hat je die Verantwortung für diese Taten übernommen?

Den Einwand, dass die Deutschen so ruhig doch gar nicht geblieben seien, hätten doch die rechtsradikalen Übergriffe und Anschläge eklatant zugenommen, ist auf den ersten Blick sicher richtig. Allein im statistisch erfassten Jahr 2015** wurden 21.933 rechte Straftaten gezählt. Dem stehen nur 5.620 linke

---

* NDR vom 22.1.2017

** Verfassungsschutzbericht 2015

Straftaten gegenüber. Der Kampf gegen rechts scheint in der Tat dringlicher denn je.

Rechnet man aus den rechten Straftaten jedoch jene heraus, die dem Wesen nach nur Rechte begehen können, sieht das Bild etwas anders aus. Denn Propagandadelikte und Volksverhetzung können Linke nicht begehen, sind doch „Deutschland Du mieses Stück Scheiße“ und das Zeigen von Hammer und Sichel keine Delikte, die statistisch erfasst werden, während das Zeigen des Hitlergruß und Holocaustleugnung bei den Rechten dagegen erheblich zu Buche schlagen. Von den 21.933 rechten Delikten fallen mehr als 85% (18.830) unter diese Kategorie. Auch wenn man den Rechten gar nicht genug Ungerechtigkeit widerfahren lassen kann, sollte man für ein realistisches Bild schon Äpfel mit Äpfeln vergleichen.

Vergleicht man Gewalttaten und Sachbeschädigungen auf beiden Seiten, stehen auf einmal den 3.423 linken Straftaten 2.651 rechte Straftaten gegenüber, wobei der Anteil der Gewaltdelikte wie Körperverletzung immer noch einsam von den Linken (1.608) angeführt wird (von rechts: 1.408). Auch beim Anstieg der Straftaten sieht es für die Linken gar nicht so gut aus: Sind ihre Gewaltdelikte um 60% angestiegen, haben die rechten Gewaltdelikte nur um 42% zugenommen.

Wenn also die Deutschen seit der Großen Öffnung so ruhig gar nicht geblieben sein sollen, dann gilt das für rechts wie für links und ist eher ein Zeichen einer extremen Polarisierung der Gesamtgesellschaft. Festzuhalten bleibt jedenfalls, dass Tötungsdelikte bis hin zu Mord (2016: 82 vollendete Tötungsdelikte von Zuwanderern) von den „neu Hinzugekommenen“ gegen die einheimische Bevölkerung sehr viel höher liegen als umgekehrt (vollendete Tötungsdelikte: 0). Sowohl relativ wie auch absolut. Und das bei einem Anteil von weniger als 2% „neu Hinzugekommener“ an der Gesamtbevölkerung Deutschlands.[11)]

Nun kann man die Ruhe der Deutschen als politische Reife ansehen, die sie in misslichen Situationen mit der ihnen ganz eigenen Disziplin und Opferbereitschaft nur zu gerne an den Tag legen und immer schon legten. Man kann diese vermeintliche Ruhe aber auch als Resultat einer Unfähigkeit ansehen, die in den 1960er Jahren die Psychoanalytiker Margarete und Alexander Mitscherlich an die Deutschen gewandt ***Die Unfähigkeit zu trauern*** nannten.

Wenn in Paris, Brüssel oder London Islamisten Anschläge verüben, werden solcherart Angriffe auf die freie Gesellschaft von den Staatsoberhäuptern zum Anlass genommen, die nationale Identität zu stärken, die Werte der Freiheit zu betonen und den Opfern in einem großen Staatsakt zu kondolieren. Da sind natürlich viele Phrasen im Spiel, und das immer wieder heruntergebetete Mantra, „Wir lassen uns von den Terroristen unser Lebensgefühl nicht nehmen und tappen nicht in die Falle, die uns Terroristen mit ihren Anschlägen stellen!“, klang auch schon mal überzeugender. Jedes Mal, wenn sich der Westen eine blutige Nase oder ein paar ausgeschlagene Zähne geholt hat, beteuert er, dass es doch gar nicht so weh tut und man sich von den paar Flecken Blut nicht irritieren lassen soll. Es ist ein merkwürdig zur Schau getragener Trotz, der die Logik des Krieges nicht anerkennen will: „Nicht wir bestimmen unseren Feind. Es ist der Feind, der uns bestimmt.“*

---

* Julien Freund zitiert nach Alain Finkielkraut, DIE ZEIT 10.12.2015

Als am 12. Januar 2016 zwölf Deutsche bei einem Terroranschlag in Istanbul den Tod fanden, wurde dieses Ereignis medial und politisch eher tief gehängt. Ins kollektive deutsche Gedächtnis haben sich diese Toten definitiv nicht gebrannt, obwohl auch sie einem islamistischen Terroranschlag zum Opfer fielen. Es war die Zeit der Verhandlung des Flüchtlingspakts, und die Bundesregierung konnte schlechte Nachrichten aus der Türkei nicht gebrauchen. Dass jedoch nationale Trauer von der Staatsführung gelenkt und in ihrem Ausmaß bestimmt wird, dürfte eine Binse sein.

Elf Monate später schlug erneut ein islamistischer Mörder zu, diesmal am Breitscheidplatz in Berlin. Der Bundestag befand sich bereits in der Weihnachtspause und fühlte sich nicht bemüßigt, die Urlaubszeit zu unterbrechen und einen nationalen Trauerakt abzuhalten. Dass Urlaube des Bundestags durchaus auch unterbrochen werden können, hatte die Eurokrise um Spanien (2012) und Griechenland (2015) gezeigt, als der Bundestagspräsident trotz Sommerpause alle Abgeordneten nach Berlin beorderte. Ein Terroranschlag in Berlin zur Weihnachtszeit dagegen holt keinen Bundestagsabgeordneten hinter dem Ofen hervor.

Erst auf großen öffentlichen Druck hin erklärte sich der Bundestag bereit, am 19. Januar 2017, also genau einen Monat nach dem Anschlag, bei seiner ersten regulären Sitzung des neuen Jahres der Opfer zu gedenken. Die politische Elite in Deutschland zeigte kein großes Interesse an den Terroropfern. Und vom Beschwören der nationalen Einheit hält die deutsche Bundeskanzlerin ohnehin nicht viel. Das könnte ja irgendwie rechts wirken und ihr Kritik in den linken Medien einbringen.

Der Mörder vom Breitscheidplatz tötete mit seinem Sattelzug insgesamt 12 Menschen und verletzte 55 teilweise lebensgefährlich. Es war ein Massaker, wie es Deutschland das letzte Mal 1980 beim Oktoberfest-Attentat durch Rechtsradikale und 1972 bei den Olympischen Spielen in München erlebt hatte. Im Jahr 2016 haben es ins öffentliche Bewusstsein der Deutschen neben dem Täter allenfalls der polnische Speditionsfahrer, eine italienische Studentin und eine israelische Touristin geschafft. Die deutschen Opfer sind merkwürdig gesichts- und namenlos geblieben.

In der Unfähigkeit zu trauern drückt sich in Deutschland eine Angst vor den sehr menschlichen Gefühlen des Zorns und der Wut aus, die immer auch Teil der Trauer sind. Zorn und Wut sind die Wegmarken, die zu überwinden sind, um zur Trauer vorzudringen. Die Deutschen verweigern sich aber bereits dem Zorn, weil er womöglich von den Falschen instrumentalisiert werden könnte: den Rechten und den Nationalen. Dass fehlende Trauer dann der Kollateralschaden ist, wird meist nicht einmal zur Kenntnis genommen.

Statt einem Staatsakt und nationaler Trauer ist der erste deutsche Reflex, gegen die Bösen, die ja immer „rechts" sind, auf die Straße gehen und zeigen zu müssen, wie gut die Deutschen geworden sind. Das nennt man dann „Farbe bekennen", „Flagge gegen Rechts zeigen" und „Aufstehen für Toleranz". Dass damit die wahren Opfer, nämlich die Ermordeten, ein zweites Mal in den Dreck getreten werden, weil die Guten sie instrumentalisieren, um ihre Wiedergutwerdung zu feiern, und die Bösen sie instrumentalisieren, um irgendetwas Nationalaggressives zu demonstrieren, führt auf beiden Seiten nur zu Schulterzucken. Dieses Muster zieht sich durch viele der Morde und Tötungsdelikte, die Nicht-Deutsche an Deutschen verüben: im März 2013 Daniel S. in Weyhe bei Bremen, im Mai 2016 Niklas P. aus Bonn/Bad-Godesberg, im Oktober 2016 Maria L. aus Freiburg. Und die Ermordeten des Breitscheidplatzes werden mit Sicherheit nicht die letzten gewesen sein.

Treffen Tötungsdelikte Nicht-Deutsche wie Tugçe A. aus Offenbach oder den Deutsch-Thailänder Johnny K. in Berlin – beide ebenfalls von Menschen mit Migrationshintergrund vom Leben zum Tode befördert –, ist die Anteilnahme dagegen groß. Die Unmöglichkeit, diese Todesfälle für deutschen Nationalismus zu instrumentalisieren, lässt die Schere im Kopf sofort verstummen und führt nicht nur dazu, dass die Opfer aus der Identitätslosigkeit heraustreten dürfen, sie werden auch im öffentlichen Andenken prominent ausgestellt. So hat die Offenbacher Stadtverordnetenversammlung beschlossen, eine Brücke nach Tugçe A. zu benennen. Das ist unverfänglich und wird allenthalben gelobt.

Wie will ein Land, das sich selbst so tief misstraut und von einer politisch-medialen Elite regiert wird, die nichts unternimmt, um das Nationale positiv zu besetzen, und der folglich Trauer und nationales Gedenken unangenehm zu sein scheinen, Millionen von Fremden aus schwer kompatiblen Kulturen integrieren, ohne dabei das eh schon Brüchige, das Deutschsein bedeutet, nicht restlos preiszugeben? Nicht die Stärke der Einwandernden macht Angst, sondern die Schwäche des Einwanderungslandes Deutschland, das die Errungenschaften eines friedlichen Nationalstaates zu pflegen und zu schützen unfähig und zugunsten eines Kulturrelativismus nur zu leichtfertig aufzugeben bereit ist.

Fragt man die in Deutschland lebenden Türken, Russen oder Polen nach ihrer Heimat des Herzens wird mit hübscher Regelmäßigkeit das Land ihrer Herkunft genannt, zu dem sie sich mit Stolz bekennen. Die einen sehen darin mangelnde Integrationsbereitschaft der Neubürger als Ursache, die anderen die deutsche Integrationsunfähigkeit. Beides ist so falsch nicht, trifft aber dennoch nicht den Kern. Denn den Einwanderern wird in Deutschland genau das verwehrt, was man den Deutschen ja auch nicht zugesteht: eine positive Identifikation mit Deutschland, einen gesunden Patriotismus, der über einen doch sehr intellektuell anmutenden „Verfassungspatriotismus" hinausgeht. Die Abwesenheit eines warmherzigen deutschen Patriotismus führt ja nicht dazu, dass die Menschen ihren Wunsch nach Identifikation und Identität aufgeben, sie suchen sich die Erfüllung nur woanders. Wer Identität und Nationalstolz nur ablehnt und bekämpft, solange sie „deutsch" sind, sollte von Deutschland als Einwanderungsland besser schweigen.

Sie sägten die Äste ab, auf denen sie saßen
Und schrieen sich zu ihre Erfahrungen,
Wie man schneller sägen könnte, und fuhren
Mit Krachen in die Tiefe, und die ihnen zusahen,
Schüttelten die Köpfe beim Sägen und
Sägten weiter.

- Bertolt Brecht, Exil, III

6
EURABIEN

Faszination Islam

Das konservative Denken in Deutschland verlor seine Unschuld 1933, als es sich nicht streng genug von der nationalsozialistischen Bewegung absetzte, sondern in dem blanken Umstand des Umsturzes und der Machtergreifung eine zumindest faszinierende historische Kraft sah. Die europäische Linke verlor ihre letzte Unschuld mit dem französischen Denker Michel Foucault, der als bekennender Homosexueller die islamische Revolution im Iran 1979 förmlich herbeiphilosophierte.

Die Absurdität, der Selbsthass und die autoritäre Lust an der Gewalt, die seitdem die europäische Linke nicht mehr verlassen hat, wird an Michel Foucault exemplarisch deutlich: Ein zweifellos enzyklopädisch Gebildeter Citoyen mit großartiger Sprachwucht, der nie aus seinen sexuellen Rasereien einen Hehl machte und schließlich 1984 an AIDS starb, schreibt einem Regime, das nicht müde wird, Homosexualität zu verteufeln und Schwule regelmäßig an Baukräne zu knüpfen, den roten Teppich. Michel Foucault war zweifelsohne einer der einflussreichsten Denker des 20. Jahrhunderts.

Die Lust der Intellektuellen, im Mantel der Befreiungsbewegung unmenschlichsten Unterwerfungsideologien zu huldigen, ist kein neues und kein linkes Phänomen. Der Geist des Westens, der einst alle Autoritäten stürzte, hat eine nur als psychodynamisches Phänomen erklärbare Sehnsucht nach Gewalt und Unterdrückung. Die neuerdings in feministischen Kreisen erfolgte Umdeutung des islamischen Kopftuchs als Symbol und Zeichen weiblicher Befreiung steht in dieser Tradition des

Selbstekels und des Wunsches, aus der als Langeweile erlebten Kulturharmonie auszubrechen.

Wenn Islamisten verheerende Anschläge in Europa verüben, kann man die Uhr danach stellen, dass in kürzester Zeit die Gutmeinenden mehr „Respekt vor den religiösen Gefühlen" einfordern. Hatte sich die intellektuelle Elite des Westens 1989 noch recht einmütig hinter Salman Rushdie gestellt, als vom religiösen Führer des Iran, Ayatollah Khomeini, eine Todesfatwa gegen ihn ausgesprochen wurde, so versiegten diese Bekenntnisse zur Freiheit des Geisteslebens mit der Zeit immer mehr. Würde heute Salman Rushdie seine „Satanischen Verse" schreiben, er gälte als islamophober Rassist und Zündler.

Dass der Iran die Fatwa nie zurückgenommen hat – sogar im Gegenteil: Die ursprüngliche Belohnung von einer Million US-Dollar, die an den oder die Mörder gezahlt werden sollte, wird in regelmäßigen Abständen erhöht, so dass sie 2016 auf nunmehr vier Millionen US-Dollar angestiegen ist –, hat an der Lust, mit dem Iran ein freundschaftliches Verhältnis zu pflegen, nichts geändert. Unvergessen sind die Auftritte diverser emanzipierter Damen wie Claudia Roth 2013, die extra für die iranischen Machthaber ein Kopftuch anlegte, oder der schwedischen „ersten feministischen Regierung der Welt", deren weibliche Mitglieder sich Anfang 2017 ebenfalls nicht zu schade waren, die iranischen Machthaber mit Kopftüchern zu bezirzen.

Das Verschleiern des weiblichen Haares wird in allen patriarchalen Religionen gern gesehen, das ist im Islam nicht anders als im Christen- oder Judentum. Spirituell steht die wilde Mähne der Frau für die emotionalen Verwirrungen, unter denen das weibliche Geschlecht leidet und mit denen es den

Mann ständig in Versuchung führen will, vom Weg des klaren Denkens abzukommen. Das Haar zu verhüllen steht dann für Züchtigkeit und die Bereitschaft, sich dem Mann unterzuordnen und seine Führung anzuerkennen. Es bedarf schon des ein oder anderen intellektuellen Taschenspielertricks intelligenter Frauen, das Kopftuch trotzdem als Symbol der Emanzipation zu verklären. Die stimmigere Erklärung könnte aber schlicht Selbsthass auf das eigene Geschlecht sein.

Die Vorstellung, eine Islamisierung westlicher Gesellschaften fände erst statt, wenn islamische Interessensvertreter die Macht im Staate an sich gezogen hätten, ist denkbar naiv. Dass sich die deutsche Öffentlichkeit seit den diversen Terrorattacken islamischer Verrückter vermehrt mit einer im Mittelalter stehengebliebenen Religion beschäftigt, ist jedoch eine Tatsache. Und dass die neue Lust an der Beschäftigung mit einer patriarchalen und freiheitsfeindlichen Religion in Zeitungen, Universitäten und Schulen unter dem Mantel von Offenheit und Buntheit nur zu gerne auch betrieben wird, ist zumindest auffällig. Würde nach etlichen Mordanschlägen rechts-faschistischer Verbrecher auf einmal die wohlwollende Beschäftigung mit der Ideologie der Faschisten in Schulen und Parteien einsetzen und dürften allenthalben deren Vertreter für Verständnis werben, die Unruhe unter den Demokraten in Deutschland wäre hoffentlich groß. Dass dieses Wohlwollen in Bezug auf den Islam inzwischen als neue deutsche Offenheit verkauft werden kann, erinnert eher an das Kinderspiel der „verkehrten Welt“, in dem „ja“ als „nein“ gilt und „schwarz“ als „weiß“. Noch mürrischere Geister fühlen sich sogar an Orwells Neusprech erinnert, der Krieg als Frieden definiert und Freiheit als Sklaverei.

Weder Kunst noch Wissenschaft konnten sich je unter der Aufsicht der Religiösen mit dem ihnen eigenen Spin zur Freiheit entwickeln, und es war eine der größten Errungenschaften freier Gesellschaften, religiöse Ge- und Verbote aus dem öffentlichen Diskurs in die Sphäre des Privaten abgedrängt zu haben. Wer 1985 die Beleidigung der Religion als großen demokratischen Fortschritt feierte, wählte zumeist Grün. Wer 30 Jahre später die Beleidigung der Religion als Hassrede ansieht, die am besten zu verbieten wäre, wählt interessanterweise immer noch Grün. Diese Verschiebung der Grenzen des Sagbaren ist ein deutliches Zeichen dafür, dass die Religionen wieder einen größeren Schutz im öffentlichen Raum für sich beanspruchen und das Freiheitsrecht des Einzelnen zurückzudrehen versuchen. Und die einzige Religion, die momentan auf ihre Beleidigung mit Gewalt zu reagieren sich berechtigt sieht, ist der Islam, der sich selbst nur zu gerne als „Religion des Friedens“ ausstellt.

Wollte man den Kampfbegriff der ***Islamisierung*** vermeiden, so kann man zumindest ein ***religiöses Rollback*** feststellen, das ob der latenten Illiberalität der Religionen einer liberalen Gesellschaft schlecht zu Gesicht steht. Und wenn dann politische Ideologen im Kardinalskostüm wie der Kölner Erzbischof Rainer Maria Woelki behaupten: „Wer Ja zum Kirchturm sagt, der muss Ja sagen zum Minarett“* – so kann man ihnen nur entgegnen, dass dann das Nein zum Kirchturm für jeden liberalen Demokraten zur Pflicht wird.

Konnten sich die linken Intellektuellen in den 60er und 70er Jahres des letzten Jahrhunderts nicht genug an religiösen

---

* domradio.de vom 24.4.2016

Symbolen abarbeiten, und mussten, wo immer möglich, Kirche, Christus und Gott mit Unflätigkeiten beworfen werden, so hört heute schon bei Mohammed-Karikaturen in einer dänischen Tageszeitung der Spaß für die Linksliberalen auf. Literatur-Nobelpreisträger Günter Grass, der Salman Rushdie 1989 noch vehement verteidigt hatte, bezeichnete bereits 2006 die auf die dänischen Karikaturen folgenden gewalttätigen Proteste in der islamischen Welt (mit mehreren Todesopfern) als „eine fundamentalistische Antwort auf eine fundamentalistische Tat". Und als der Zeichner der Karikaturen, Kurt Westergaard, 2010 von einem islamistischen Somalier in seinem Haus beinahe mit einer Axt umgebracht worden wäre, dozierte der Kulturchef der Süddeutschen Zeitung, Andrian Kreye, dass, „wer dem radikalisierten Islam die Chance gibt, eine solche Provokation für seine Zwecke und zur Mobilisierung zu nutzen, muss in Kauf nehmen, dass er Gewalt gegen sich und andere provoziert."*

Mal wieder hat das Opfer selbst schuld, warum provoziert es auch so? Hätte es einen längeren Rock getragen, wäre es auch nicht vergewaltigt worden. Die Opfer ändern sich, die Narrative bleiben.

Die Exkulpierung von religiösen Fanatikern gehört seitdem zum guten linken Ton. Entweder sind die, die nicht genug Falschgläubige vom Leben zum Tode befördern können, in Wahrheit verkappte Freiheitskämpfer, oder sie sind Menschen, die gegen Zurückweisung und Diskriminierung aufbegehren. Dass die Terroristen meist Mittelschichtfamilien mit durchaus höherer Bildung entstammen, wird dagegen nur ungern zur

* Zitiert nach Henryk Broder auf achgut.com vom 25.7.2013, da die SZ den Text bereits kurz nach Veröffentlichung offline gestellt hatte

Kenntnis genommen, würde es doch das Narrativ vom „edlen Wilden“ zerstören. Und seitdem sich die islamistischen Attacken von Einzeltätern in Europa häufen, hat sich die Sprachregelung durchgesetzt, dass sie psychisch Labile, Auffällige oder Verwirrte sind. So ganz falsch ist es ja auch nicht, religiöse Fanatiker zu Kranken zu stempeln; es umgeht aber recht geschmeidig die entscheidende Frage: Warum ist es fast immer der Islam, der die Menschen mit diesem Wahnsinn impft?

Das Potential im Islam, Gläubige von Gewalt und Wahnsinn zu überzeugen, ist in der Tat groß. Vielleicht sogar größer als in anderen Religionen, war doch Mohammed ein durchaus weltlicher Herrscher, der vor Kriegen, ja selbst vor eigenhändigen Morden nicht zurückschreckte. Wer sich an Mohammeds Leben ein Beispiel nimmt, hat ein anderes Idealbild des Menschen vor Augen, als derjenige, der sich an Jesus Christus' Leben orientiert. Dass das Reich Jesus Christus nicht von dieser Welt sein soll, beschreibt ja recht deutlich eine Grenzziehung, die inzwischen zu der Überzeugung geführt hat, dass Religion Privatsache sei: Was nicht von dieser Welt ist, hat in dieser Welt mit Zurückhaltung behandelt zu werden. Die andere Welt beginnt im Privaten.

Im Islam ist Religion als Privatsache bisher nicht angelegt. Den wohl größten Unterschied jenseits aller theologischen Gottesvorstellungen beschreibt der Umstand, dass für den Islam jeder Mensch als Moslem geboren wird. Moslem-Sein ist der Urzustand des Menschen und bedarf keiner Hinwendung oder Entscheidung. In den beiden anderen monotheistischen Religionen – dem Judentum und dem Christentum – sieht das etwas anders aus. Die Juden hatten noch nie den Anspruch, dass ihr Gott Jahwe der Gott aller Menschen sein möge. Sich als Nicht-Jude für ihn zu entscheiden, ist mit so vielen Hürden verbunden, dass Jahwe für Nicht-Juden eher ein Gott der Abschreckung ist.

Der Universalitätsanspruch des christlichen Gottes ist da bereits ein anderer: Missionierung gehörte für den guten Christenmenschen lange zum Repertoire, und das nicht, weil es ein hübscher Zeitvertreib war, sondern weil es im Neuen Testament Matthäus 26,16 deutlich gefordert wurde. Das Bekenntnis zu dem Reich, das nicht von dieser Welt ist, war im Christentum aber immer als ein aktiver Entschluss angelegt, dem die Missionare zwar nachhalfen, der aber erst mit dem Sakrament der Taufe seinen Abschluss fand. Das Christentum war und ist eine Entscheidung, die man inzwischen problemlos auch ablehnen kann.

Der Islam ist aber keine Entscheidung, sondern der Urzustand. Wer nun anderen Religionen frönt, verabschiedet sich aktiv aus dem Haus des Islam, dem Dar al-Islam. Wer nicht Moslem ist, hat nicht einfach nur die falsche Religion – was in den Augen aller Religionisten schlimm genug ist –, der Nicht-Moslem ist ein Abtrünniger und in den Augen Allahs bereits ein Gefallener. Das ist keine theologische Spitzfindigkeit, sondern hat nicht zu unterschätzende Auswirkungen auf das Selbstverständnis der gläubigen Muslime: Sie sind im Haus des Islam geblieben, sie sind Anfang und Ende zugleich, während alle anderen, die sich verabschiedet haben, es vorziehen, im Haus des Krieges, dem Dar al-Harb, zu leben.

Dennoch sollte man der Religion des Islam nicht per se die Möglichkeit zur friedlichen Koexistenz absprechen, einfach weil es Religion ohne Religiöse nicht gibt, die Verantwortung also immer bei den Religiösen liegt. Dass sich deren Bewusstsein ändern kann, zeigen die anderen monotheistischen Religionen, denen die Gewalttätigkeit ja ebenfalls nicht gänzlich abhold war. Dass sich das Bewusstsein unter den nicht-strenggläubigen Muslimen – man könnte sie auch die Kultur-Moslems nennen – bereits gewandelt hat, lässt sich jedoch nicht ohne Weiteres feststellen. Umfragen in verschiedenen europäischen Ländern kommen regelmäßig zu dem Schluss, dass religiöser Fundamentalismus unter europäischen Muslimen deutlich weiter verbreitet ist als bei Anhängern anderer Konfessionen: Zwei Drittel der befragten Muslime halten demnach religiöse Gesetze für wichtiger als die Gesetze des Landes, in dem sie leben (Christen: 13%). Und Mehr als die Hälfte will keine homosexuellen Freunde (Christen: 10%).* Der Wunsch, die falschen Stopp-Schilder der „Islamophobie" um den Islam und seine unzähligen Moscheen, Gemeinden und Vereine aufzustellen, ist unter den Vertretern des Islam einfach zu ausgeprägt, als dass die dahinterliegende Absicht – die systemischen Fehler des Islam aus dem Diskurs heraushalten zu wollen – nicht zu Verstimmung führte.

Die westlichen Gesellschaften erscheinen merkwürdig hilflos im Umgang mit den freiheitsfeindlichen Tendenzen innerhalb des Islam. Und sie stellen sich dabei auch selten dämlich an. Die in jeder Verfassung verankerte Religionsfreiheit als Menschenrecht fußt implizit auf der Überzeugung, dass in einem Rechtsstaat westlicher Prägung die Religionen ihre Ansprüche auf weltliche Herrschaft überwunden haben. Die Definition von Religion als Privatsache ist die Grundlage, auf der Religionsfreiheit erst gewährt werden konnte.

---

* Wissenschaftszentrum Berlin für Sozialforschung, 9.12.2013

Nun hat Europa genügend Erfahrung mit Ersatzreligionen sammeln dürfen, um eine deutliche Trennung zwischen Religion und politischer Ideologie vornehmen zu können. Kommunismus, Faschismus, Nationalsozialismus, Stalinismus – immer wurde der Raum der Gesellschaft, aus dem sich die Religionen zurückgezogen hatten, mit politischen Ideologien gefüllt. Und immer waren diese politischen Ersatzreligionen für die jungen Männer Blitzableiter ihrer Aggressionen und Vorwand, Schrecken und Gewalt zu verbreiten. Solange die demographische Entwicklung der europäischen Gesellschaften für einen erheblichen Jungmännerüberschuss sorgte, reicherten sich diese Ersatzreligionen mit Testosteron an und errangen einen revolutionären Sex-Appeal, zu dessen letztem Vertreter der RAF-Terrorist und Frauenerniedriger Andreas Baader avancierte. Danach war dank Pillenknick die demographische Spitze Europas gebrochen.

Wie wirkmächtig der revolutionäre Sex-Appeal, der schließlich auf den Islam übergehen konnte, immer noch ist, wird in den Verklärungen der deutschen RAF-Terroristen deutlich. Ende der 1960er Jahre hatte sich ein regelrechter Terrorismus-Tourismus nach Jordanien entwickelt, um sich in den dortigen Lagern der Palästinensischen Befreiungsorganisation im Häuserkampf und Bombenbau ausbilden zu lassen. So illustre Namen wie Andreas Baader, Horst Mahler, Gudrun Ensslin, Ulrike Meinhof und Dieter Kunzelmann finden sich unter den Reisenden. Sie alle verband ein abgrundtiefer Hass auf den Westen, auf die USA und Israel im besonderen, und die Bereitschaft zum Mord.

Als die Olympischen Spiele 1972 in München von palästinensischen Terroristen in ein Blutbad verwandelt wurden, hatten sowohl rechts- als auch linksradikale Kreise für logistische

Unterstützung und Waffen gesorgt.* Flugzeugentführungen und gewalttätige Erpressungsversuche wurden gemeinsam mit den palästinensischen „Freunden" durchgeführt. Die wohl spektakulärste gemeinsame Aktion dürfte die Entführung einer Air France Maschine nach Entebbe gewesen sein, bei deren Befreiung durch israelische Spezialkräfte die deutschen Links-Terroristen Wilfried Böse und Brigitte Kuhlmann erschossen wurden.

Tempi passati? Mitnichten! Noch 2012 wird der Linkstheoretikerin Judith Butler in Frankfurt der Adorno-Preis verliehen, ohne dass sich das Preisgremium daran störte, dass Frau Butler einige Jahre vorher die Terrororganisationen von Hamas und Hizbollah – die eine herrscht seit Jahren diktatorisch über den Gaza-Streifen, die andere überzieht Israel mit vom klerikalfaschistischen Iran finanziertem Terror – als „progressive soziale Bewegungen" der „globalen Linken" zuordnen wollte. Im Kampf gegen den Westen kann man sich die Verbündeten halt nicht nach Schönheit aussuchen.

Inzwischen ist es der Islam, der sich mit Gewalt aufgeladen, sich um die Freiheit zum Exzess bereichert und den Platz der alten menschenverachtenden Ideologien eingenommen hat. Das stattet ihn mit Sex-Appeal und Verwegenheit aus. Die explosive Kraft zieht er nicht mehr aus linkstheoretischen Abhandlungen, sondern aus der schieren Masse an gewalttätigem Testosteron, das im Nahen Osten und im Subsahararaum zu Hundertmillionen produziert wird.

---

* Vergl. Gerald M. Hafner: München 1970. Als der Terror zu uns kam, ARD 2012

Der Glaube, irgendeine politische oder religiöse Ideologie könne durch Argumente gezähmt und nicht schlicht mit Gewalt aufgehalten werden, ist das inzwischen fehlende Skalpell, mit dem der Wahn des politischen Islam chirurgisch aus den westlichen Gesellschaften hätte entfernt werden können. Es war die Begeisterung für gewalttätige „Befreiungsorganisationen" und der Hass der Linken auf den Westen, der sich die letzten Jahre zum Tremolo des vorauseilenden Gehorsams und der Lust an der Unterwerfung unter den Islam gesteigert hat. Den nicht fundamentalistischen Moslems zeigt es ja nur, wie schwach und verachtenswert sich der Westen inzwischen gebärdet. Der Verzicht, Identität zu definieren und sie von allen Ankommenden einzufordern, führt bei immer mehr Ankommenden ja nicht zu einem Verzicht auf Identität, sondern im Gegenteil: zu einer falschen Identifizierung.

Wenn mehr als 50% der in Europa lebenden Moslems die Scharia für wichtiger halten als die weltlichen Gesetze und Homosexualität verdammenswert finden, dann müssten sich doch die Linken und Grünen von solcherart Zahlen alarmiert fühlen, sind sie doch ein deutliches Indiz für eine patriarchale, autoritäre und gottesfürchtige politische Bewegung, die eine Bedrohung für all die liberalen Werte darstellt, die die Linksliberalen nicht müde werden, als wichtig zu verkaufen. Was jedoch immer deutlicher wird: Im spektakulären Kampf gegen Rechts, der mit Verbissenheit und Eifer geführt wird, ist für den Kampf gegen das islamische Geschwür keine Kraft mehr übrig. Da werden dann solcherlei religiös-politische Ansichten unter ***islamische Folklore*** verbucht, die man den „edlen Wilden" gerne zugestehen möchte. Denn es ist allemal besser, die liberalen Werte langsam hinter der Fratze der Religion verschwinden zu lassen, statt womöglich als Rassist zu gelten. Oder schlimmer noch: als islamophob.

Die Trennlinie zwischen Religion und Ersatzreligion deutlich zu ziehen, wird sich im liberalen Westen nicht mehr getraut. Zu alt und zu miefig sind die romantischen Verherrlichungen der „Befreiungsideologien“, die die 68er als Selbstbestätigung ins 21. Jahrhundert hinübergerettet haben, ganz so, als wäre es den Befreiern je um Befreiung gegangen und nicht um die Anbetung der Gewalt.

Als in Deutschland 2006 die Islamkonferenz vom damaligen Bundesinnenminister Wolfgang Schäuble ins Leben gerufen wurde, stellte sich bei den ersten Sitzungen recht schnell heraus, dass sich die verschiedenen islamischen Verbände noch nicht einmal auf den Minimalkonsens einigen konnten, der die Unvereinbarkeit von deutschem Grundgesetz und Scharia postulieren sollte. Solange religiöse Gemeinschaften ihre eigenen Regeln höher schätzen als die des Grundgesetzes, haben sie als verfassungsfeindlich zu gelten.

Europa befindet sich im Krieg, es will die Kriegserklärung aber partout nicht annehmen und windet sich, geeignete Maßnahmen zu treffen, um den Krieg gewinnen zu können. Man könnte jeden Moscheeverein, jede islamische Gemeinschaft zur Aufnahme von drei Paragraphen in ihre Satzungen verpflichten:

1. Das deutsche Grundgesetz steht über religiösen Regeln der Scharia.

2. Die sexuelle Selbstbestimmung des Individuums wird anerkannt. Das umfasst ganz explizit auch das Recht zum Ausleben der Homosexualität.

3. Der Austritt aus der Religionsgemeinschaft ist jederzeit formlos möglich und wird nicht sanktioniert.

Mit diesen drei kleinen Forderungen, die das gesamte Spektrum der liberalen Demokratie, wie sie sich historisch in Deutschland entwickelt hat, abdecken, wären alle Diskussionen um friedliche Koexistenz obsolet. Die drei Forderungen beinhalten Selbstverständliches, das jeder Bürger in Deutschland anerkennen kann, und selbst Grüne müssten begeistert sein. Alle, die sich weigern, diese drei Paragraphen in ihre Satzungen aufzunehmen, fallen nicht mehr unter den Schutz der Religionsfreiheit, sondern sind als politische Organisationen einzustufen. Ihre Verfassungsmäßigkeit ist zu prüfen.

Sollte jetzt der Einwand kommen, dass damit aber das Herz des Islam getroffen sei, dann ist dem entgegenzuhalten: Wenn dies das Herz einer Religion ist, dann ist sie eben eine politische Bewegung, die mit unserer Demokratie auf Kriegsfuß zu stehen scheint. Sie ist dann mit der Religionsfreiheit nicht zu vereinen.

Zeitgleich und flankierend würde Deutschland ein ähnliches Gesetz verabschieden, wie es vor kurzem Israel tat: Jeder Rechtsträger hätte offen zu legen, in welcher Höhe er staatliche Zuwendungen von Drittländern erhält. Die versteckten Finanzierungen durch die Türkei, den Iran oder Saudi-Arabien würden damit für die deutsche Gesellschaft transparent werden, und es könnte endlich ein demokratischer Diskurs beginnen, warum Deutschland zum Tummelplatz so vieler religionsfanatischer Länder geworden ist, und ob die deutsche Bevölkerung das weiterhin wünscht.

Zur liberalen Demokratie scheint es aber zu gehören, dass Selbstverständlichkeiten nicht mehr durchsetzbar sind. Als Blaupause für die Unmöglichkeit, derartige Regeln in Deutschland einzuführen, diente 2010 ein Vorhaben der damaligen Bundesfamilienministerin Kristina Schröder (CDU). Sie formulierte die als „Extremismus-Klausel" bekannt gewordene Verpflichtung privater politischer Organisationen, nur dann Fördergelder zu erhalten, wenn ein Bekenntnis zur freiheitlich-demokratischen Grundordnung vorläge. Eine Selbstverständlichkeit, könnte man meinen.

Tatsächlich aber gab es von SPD, GRÜNEN und DIE LINKE lautstarken Protest. Die frühere SPD-Kandidatin um das Bundespräsidentenamt, Gesine Schwan, erklärte, es würde eine „Kultur des Misstrauens" befördert. Engagierte Bürger dürften nicht pauschal verdächtigt werden.

Man kann es auch andersherum sehen: Die Linksliberalen in Deutschland wollen sich auch die Förderung von Verfassungsfeinden nicht nehmen lassen. So also geht liberale Demokratie. Die Extremismus-Klausel wurde 2014 dann still und heimlich entsorgt.

Der Literaturnobelpreisträger Imre Kertész notierte einige Jahre zuvor in sein Tagebuch: „Europa wird bald wegen seines bisherigen Liberalismus untergehen, der sich als kindlich und selbstmörderisch erwiesen hat. Europa hat Hitler hervorgebracht; und nach Hitler steht hier ein Kontinent ohne Argumente: die Türen weit offen für den Islam; er wagt es nicht länger über Rasse und Religion zu reden, während der Islam gleichzeitig einzig die Sprache des Hasses gegen alle ausländischen Rassen und Religionen kennt. (...) Ich würde darüber reden, wie Muslime Europa überfluten, besetzen und unmissverständlich vernichten; darüber, wie Europa sich damit identifiziert, über den selbstmörderischen Liberalismus und die dumme Demokratie. Es endet immer auf dieselbe Weise: Die Zivilisation erreicht eine Reifestufe, auf der sie nicht nur unfähig ist sich zu verteidigen, sondern auf der sie in scheinbar unverständlicher Weise ihren eigenen Feind anbetet."*

---

* Imre Kertész, Letzte Einkehr: Ein Tagebuchroman, 2015

Europa und die jungen Männer

In den 70er Jahren des letzten Jahrhunderts, nachdem sich die ersten nicht-staatlichen Welt-Organisationen wie der Club of Rome öffentlichkeitswirksam ins Bewusstsein der Menschen gebrannt hatten, prägte der Bruder des späteren deutschen Bundespräsidenten, Carl Friedrich von Weizsäcker, den bemerkenswerten Begriff von der „Weltinnenpolitik", die sich nun anschicke, die Außenpolitik der einzelnen Staaten abzulösen. „Weltinnenpolitik" ist seitdem das beliebteste Spielfeld der politischen Eliten geworden. Wollte man den Unterschied zwischen progressivem und konservativem Denken an einer Haltung festmachen, dann müsste das Festhalten an Regionalem und Überschaubarem, das Herausarbeiten von Bezugsrahmen und Identitäten als das Wesensmerkmal des konservativen Denkens gelten, während die Auflösung von Gewachsenem und die Niedrigschätzung des Tradierten zugunsten eines weltumspannenden Neuen das Wesensmerkmal des progressiven Denkens darstellt. Identität versus Globalität.

In seiner Minima Moralia führt Theodor W. Adorno ein sehr zartes und doch eingängiges Beispiel dieser selten in Erscheinung tretenden konservativen Weltsicht an: „Vor einigen Jahren ging durch die amerikanischen Zeitungen die Meldung vom Fund eines wohlerhaltenen Dinosaurus im Staate Utah. Betont war, das Exemplar habe seinesgleichen überlebt und sei um Millionen Jahre jünger als die bisher bekannten. Solche Nachrichten (..) sind Kollektivprojektionen des monströsen totalen Staates. Man bereitet auf seine Schrecken sich vor durch die Gewöhnung an Gigantenbilder."

Warum dieses Beispiel gleichzeitig so zart und doch so passend ist: Es geht um das Gigantenbild. Die Millionen Jahre, die das gefundene Tier alt sein soll und die so unglaublich sind und sich jeder gedanklichen Vorstellung entziehen, gewöhnen die Menschen an die Ansprüche eines monströsen totalen Staates.

Wir Heutigen überlesen derartige Gigantenbilder nur zu leichtfertig, hat sich die Gewöhnung an diese Monstrositäten doch schon zu tief vollzogen. Dass das Universum 13,81 Milliarden Jahre alt sein soll, wird in astronomischen Büchern gerne kolportiert. Wobei eine Abweichung von ca. 40 Millionen Jahren möglich ist. Dass in dieser Unschärfe von 40 Millionen Jahren bereits das nicht zu entschlüsselnde Rätsel liegt, das durchaus auch zu der nicht weniger wissenschaftlichen Aussage führen könnte, dass das Universum schlichtweg verdammt alt sein muss, wird durch die gigantische Zahl dem Bewusstsein entzogen und so der Eindruck vermittelt, der Mensch habe selbst das Universum unter Bemessungskontrolle. In Wahrheit jedoch verliert der Mensch jeglichen Bezugsrahmen zu dem, was er zu wissen meint: 40 Millionen Jahre Unschärfe stehen 3.000 Jahren Menschheitsgeschichte gegenüber.

Das Denken in Gigantenbildern, das nur noch in Totalen wahrnimmt und von Milliarden Tonnen CO2 und Klimarettungszielen bis ins Jahr 2100 träumt, von Euro-Rettungsschirmen, die mit 1.500 Milliarden Euro gefüllt sind, und von Target-Salden spricht, die in Deutschland inzwischen auf über 800 Milliarden Euro angewachsen sind, ist zum konstitutiven Teil des Denkens einer globalen Elite geworden. Nur: Dem Denken in Totalen wohnt ein Hang zum Totalitarismus inne. Und zur Entgrenzung.

Dabei verfolgt die Entgrenzung des Denkens das Ziel, gültige Regeln durch obskur bleibende „Werte“ zu ersetzen, die über allen Regeln stehen, ohne konkrete Definition auskommen und gerade deshalb im politischen Prozess beliebig gedehnt oder umdefiniert werden können. Bezugsrahmen verschwinden und werden durch Kollektivprojektionen ersetzt. Entgrenzung ist am Ende die Selbstermächtigung einer globalistisch denkenden Elite, die es geschafft hat, das Pochen auf die Einhaltung bestehender Regeln bereits als Angriff auf die richtige Gesinnung umzudeuten.

Die ersten zwanzig Artikel des deutschen Grundgesetzes sind fast ausschließlich Begrenzungsregeln, nämlich Begrenzungen der Staatsmacht gegenüber den Bürgern: Schutz der Wohnung, Schutz des Eigentums, Schutz der Meinungsfreiheit, Beschränkung des Asyls auf politisch Verfolgte, um nur eine Auswahl zu nennen. Nicht der Weltgemeinschaft, sondern nur dem begrenzten Staatsvolk gelten diese Regeln und Gesetze. Hinter der von den Linken geforderten Entgrenzung steht bereits ein monströser totaler Staat, der es Politikern erlaubt, ungebunden und ohne formale Fesseln ein neues Quasirecht zu setzen, das gerade in Regellosigkeit und bewusst verhinderter Rückkopplung zum Parlament besteht. Zur Begründung ziehen Politiker dieses neuen Typs, der mit Angela Merkel eine kongeniale Repräsentantin fand, fast immer irgendeinen Wert heran und behaupten, er sei dem bisherigen Recht übergeordnet.

Kernkraftwerke können nicht einfach unter Umgehung geltender Gesetze von einem Tag auf den anderen abgeschaltete werden? „Der Wert des Lebens“ steht weit oberhalb schnöder Vereinbarungen.

Griechenland müsste eigentlich allein mit seinen Schulden zurechtkommen und den Euro verlassen? Aber das verbietet der „Wert der europäischen Solidarität“.

Es dürften nicht einfach alle Migranten ins Land gelassen werden, die an den deutschen Grenzen vorstellig werden, ob mit oder ohne Papiere? Dagegen spricht der „Wert der Offenheit“!

Die rechtliche Entgrenzung geht einher mit der räumlichen und wirtschaftlichen Entgrenzung, wie sie in den Köpfen fast aller europäischen Entgrenzungspolitiker fest verankert ist. Ihnen gilt die Rückbindung an das Wahlvolk, etwa durch Volksentscheide und Referenden, als „gefährlich“ und „unverantwortlich“. Wer eine „Politik ohne Grenzen“ will, entwirft ein Gigantenbild, das die Basis der Demokratie zugunsten einer Funktionärskaste schleift, die jede Regelbindung als lästig empfindet.

Galt früher als beste Möglichkeit, seine Herrschaft zu festigen und auszubauen, das Macchiavelli zugeschriebene Sprichwort vom „teile und herrsche!“ (divide et impera), so manifestiert sich im entgrenzten Denken das Gegenteil: „führe zusammen und herrsche!“. Denn je gigantischer und unübersichtlicher die Strukturen werden, desto effektiver können sie sich demokratischer Legitimation entziehen. Und je gigantischer und globaler die Probleme aufscheinen, desto schöner und erhabener werden die Projektionen eines „monströsen totalen Staates“.

Während der Völkerwanderungsbewegung 2015 tauchten diese Gigantenbilder nicht nur bei den beklemmenden Aufnahmen an den deutschen Grenzübergängen auf, als sich eine undefinierbare Masse an Menschen über die Straßen und Wege schob, sondern genauso auch in Angela Merkels Vorschlag, die Flüchtlinge auf ganz Europa zu verteilen. Auf einmal war dieser Gigantentraum von einem Großraum Europa zum Greifen nahe: Millionen Menschen kommen an einem Punkt an, von dem aus der Großraum sie gleichmäßig absorbiert. Nur: Die wenigsten Länder in Europa träumten diesen Gigantentraum mit, und auch die Menschen, die über Europa verteilt werden sollten, entzogen sich der Verfügbarkeit: Sie weigerten sich schlicht, Deutschland zu verlassen.

Gäbe es ein auszeichnendes Merkmal der weltweiten Eliten, dann wäre es das Denken in Gigantenbildern, ganz unabhängig von der politischen und ideologischen Ausrichtung. Das graue Heer der internationalen Unternehmensberater, welches heute das Bundesamt für Flüchtlinge und Migration bei der perfekten Organisation der Flüchtlingsströme berät, unterstützt morgen mit genau dieser Expertise Siemens dabei, an den Auftrag zum Bau eines Grenzzauns in Saudi-Arabien heranzukommen, um dieselben Flüchtlinge von dort abzuhalten.

Die umweltbegeisterte NGO-Mitarbeiterin, die von Millionen „Klimaflüchtlingen" in naher Zukunft ausgeht und deswegen Umsiedlungspläne erarbeitet und Vorbereitungsmaßnahmen von „Buntheit" und „Offenheit" in den Aufnahmeländern trifft, unterliegt denselben Denkmustern wie die McKinseys und Roland Bergers. Beide exekutieren, was sich die internationalen Organisationen der UN und der EU in ihrem globalistischen Weltwahrnehmen ausgedacht haben. Dabei sind die „Flüchtlinge" so austauschbar wie das „Weltklima" oder der „CO2-Ausstoß". Jedes Mal sind die Aufgaben so riesengroß, dass der Bezugsrahmen des Individuums dahinter verschwindet und demokratische Prozesse der Entscheidungsfindung obsolet erscheinen.

Es ist ein internationales Top-down Vorgehen, bei dem Abteilungen der Vereinten Nationen Vorschläge erarbeiten, die im demokratischen Diskurs keine Erwähnung finden, und die dann wie von Geisterhand gesteuert kurze Zeit später von der EU übernommen werden. So hat die „Abteilung Bevölkerungsfragen“ der UN sich Gedanken gemacht, wie die bestehende Bevölkerungsmenge in Europa durch massive Zuwanderung „zu stabilisieren“ sei. Sie schlägt eine Art Bevölkerungsverschiebung vor, bei der die jeweiligen Staatsvölker der europäischen Länder durch kulturfremde Zuwanderung aufgefüllt werden.* Die daraus resultierenden sozialen und kulturellen Konflikte blendet die UN vollständig aus. Sie verharrt in der Mathematik der Statistik, in der gewachsene kulturelle Eigenarten unbedeutend sind und Fragen der Integration keinerlei Bedeutung haben.

Die Richtlinien der UN übernimmt dann die EU-Kommission und erarbeitet einen Vorschlag eines „EU-Neuansiedlungsrahmens“ mit der Begründung: „Durch den heute vorgelegten Vorschlag soll ein dauerhafter Rahmen mit einem einheitlichen Verfahren für die Neuansiedlung innerhalb der EU geschaffen werden.“** Zwar entscheide noch das einzelne Mitgliedsland darüber, wie viele „Neuansiedler“ es aufnehme, aber durch „die Koordinierung der nationalen Anstrengungen und durch

---

* Abteilung Bevölkerungsfragen, Vereinte Nationen: Bestandserhaltungsmigration: Eine Lösung für abnehmende und alternde Bevölkerungen?, März 2000, un.org

** Verbesserung der legalen Migrationskanäle, Brüssel 13.7.2016, europa.eu

ein gemeinsames Vorgehen wird die EU als Ganzes mehr bewirken können. Der künftige Neuansiedlungsrahmen soll durch jährliche EU-Neuansiedlungspläne umgesetzt werden, die vom Rat auf Vorschlag der Kommission angenommen und durch gezielte, von der Kommission angenommene EU-Neuansiedlungsprogramme in die Praxis umgesetzt werden."

Es ist eine Mischung aus bürokratisch unterkühlter Sprache und gedanklichem Größenwahn, an dem schon Stalin bei seinen Neuansiedlungsplänen innerhalb der UdSSR in den 1920er und 1930er Jahren scheiterte. Das wissenschaftliche Menschenbild Marxscher Prägung gebiert ein Denken in Großräumen und Gigantenbildern, in dem für das politische Individuum kein Platz mehr ist. So wie für Karl Marx die Religion das Opium des Volkes war, so ist für die heutige Elite die kulturelle Identität das Opium des Volkes. Und die EU-Ideologiebeauftragten werden schon wissen, wie sie dem Volk den Gebrauch des Opiums auszutreiben gedenken.

So wurde im Jahr 2015 ein geopolitischer Streit sichtbar, den man auf die beiden Personen Merkel und Orban herunterdampfen kann, der aber in Wahrheit viel grundsätzlicher ist: Bleibt – wie Viktor Orban es sich wünscht – Europa ein Kontinent von christlichen Nationalstaaten, die vornehmlich autark sind und untereinander Handel und Austausch betreiben, oder wird – wie es Angela Merkel vorzuschweben scheint – Europa eine offene Wertegemeinschaft ohne verbindende kulturelle Eigenart, die durch ständige Innovation ihre Vormachtstellung im globalen Kampf weiter ausbauen kann? Es ist die Frage zwischen Bezugsrahmen und Gigantenbild.

Das Unbehagen über eine EU, deren Verpflichtung, sich immer weiter auszudehnen, von immer mehr Menschen als verstörend wahrgenommen wird, wächst unaufhörlich in den meisten Mitgliedsstaaten. Eines der letzten Länder ohne nennenswerte Resignation über die Entwicklungen der EU, den Euro und die demokratischen Defizite ist Deutschland. Das mag der Folgsamkeit und dem Untertanengeist der Deutschen geschuldet sein; es kann aber auch eine Art des Zukunftsoptimismus sein, den nur wenige den Deutschen je zutrauen würden.

Als im Jahr 1990 die deutsche Wiedervereinigung stattfand, waren die Aufgaben in dem nunmehr zusammengewachsenen Land gigantisch. Damals wurde die Wiedervereinigung mit der Wiederaufbauleistung nach dem zweiten Weltkrieg verglichen, und Deutschland meisterte diese Aufgabe doch recht ordentlich. Ohne dass die Aufgabe freilich abgeschlossen war, schickte die Bundeskanzlerin Angela Merkel das Land in das nächste Abenteuer, das nach dem damaligen Bundesumweltminister und heutigen Kanzleramtsminister Peter Altmaier (CDU) „ein Generationenprojekt, vergleichbar nur mit dem Wiederaufbau nach dem Krieg“ sein solle: die Energiewende. Wieder blieb es in Deutschland trotz technischer Unausgegorenheit, trotz Naturverschandelung und trotz stetig steigender Energiepreise ruhig. Vier Jahre später folgte die nächste Aufgabe für die Deutschen, die wieder mindestens so groß war wie die Wiedervereinigung und der Wiederaufbau: die Bewältigung der Migrationskrise. Salbungsvoll ließ Bundespräsident Joachim Gauck am Tag der Deutschen Einheit 2015 verlauten: „Wie 1990 erwartet uns eine Herausforderung, die Generationen beschäftigen wird. Doch anders als damals soll nun zusammenwachsen, was bisher nicht zusammen gehörte“. Und trotz der gigantischen Kosten, des Staatsversagens, der Unverschämtheiten und der Lügen und Toten: Es blieb recht ruhig in Deutschland.

Was man Angela Merkel nicht nachsagen kann: ihre Deutschen mit Aufgaben so groß wie die Wiedervereinigung und den Wiederaufbau verschont zu haben. Und die Deutschen machen mit und trotten der Kanzlerin hinterher, begeistert von all diesen Gigantenbildern.

Man kann die Riesenaufgaben als Testläufe für die Unannehmlichkeiten der Globalisierung ansehen, die zudem noch verschärft werden durch ein Russland im Osten, das nicht müde wird, sein eurasisches Projekt, das von Wladiwostok bis Paris reichen soll, voranzutreiben. Die rasenden Veränderungen der Globalisierung verwandeln Politik in die Verwaltung eines ständigen Ausnahmezustands. Und trotz dieses Ausnahmezustands in Deutschland hielten sich die Proteste in Grenzen. Es gab keine Unruhen, keine Generalstreiks, und die Macht der Eliten wurde nur unwesentlich erschüttert. Alle Sicherheitsanker der meinungsbildenden Eliten in Deutschland hielten stand, auch wenn es knirschte.

Es gibt ein Kontinuum bei Angela Merkel, das bisher nicht angetastet wurde und das ihrer vagen Beliebigkeit zu widersprechen scheint: Angela Merkel denkt nicht in Staaten und Nationen, sondern in Großräumen. Deutschland als Nation ist für sie nachrangig, und die Deutschen mutieren in ihrem Neusprech zu „den Menschen, die schon länger hier leben“. „Postnational“ wird das inzwischen in deutschen Medien anerkennend genannt.

Angela Merkel verkauft sich als überzeugte Europäerin, deren europäischer Großraum jedoch viel weiter reicht als nur innerhalb der alten europäischen Grenzen, die bisher am Bosporus endeten. Ihre mit trotzigem Impetus vorangetriebene Einbindung der Türkei in europäische Strukturen kann ihrer Verzweiflung in der Einwanderungspolitik geschuldet sein. Genauso aber kann sie auch Kalkül sein, endlich damit beginnen zu können, Europa bis weit in den islamischen Bogen hinein auszudehnen. Ihr Satz von dem scheiternden Euro, mit dem dann Europa scheitere, sollte man nicht als Plattitüde missverstehen, sondern als ihren sehr ernst gemeinten Kampf um ein Währungsinstrument, mit dem ein Europa sich stetig weiter ausdehnen kann – unter deutscher Vorherrschaft und auch über die Grenzen Europas hinweg.

Das Denken in Großräumen geht in Deutschland auf den ungemein luziden und trotz nationalsozialistischer Vergangenheit auch nach 1945 einflussreichen Staatsrechtler Carl Schmitt zurück, der bereits während der Weimarer Republik zu dem Schluss kam, dass die Epoche der Staatlichkeit zu Ende gehe. An die Stelle der Staaten träten nun Großräume, wie sie bis zum Ende des letzten Jahrhunderts die Vereinigten Staaten von Amerika und die Sowjetunion repräsentierten. China ist inzwischen als neuer Player hinzugekommen, gibt aber in der Außensicht noch mit dem heutigen Russland eine Interessens-Einheit ab. Deutschland hat zweifelsohne ab 1938 ebenfalls versucht, einen Großraum zu bilden, was jedoch kläglich scheiterte. Die Europäische Union ist nun das Nachfolgeprojekt dieses Großraums, das man noch vor gar nicht allzu langer Zeit das „Heilige Römische Reich deutscher Nationen“ nannte. Dass Deutschland die Führungsrolle in diesem Römischen Reich zu übernehmen habe, ist auch heute deutlicher denn je, dem Instrument des Euro sei Dank.

Nun treffen die Großraumpläne Angela Merkels in Deutschland auf eine politische und geistige Elite, die sich schon lange verboten hat, über geostrategische Angelegenheiten zu debattieren. Zu ruchbar sind deutsche Allmachtsphantasien, zu schnell gerät man in den Verdacht, Verschwörungstheorien zu perpetuieren. Etwas Besseres konnte Angela Merkel, der großen Geheimniskrämerin der Nachkriegszeit, gar nicht passieren. Ihre sinnentleerten Worte, die merkwürdigen Satzkonstruktionen und die einschläfernde Gleichförmigkeit ihrer Stimme erscheinen als intellektuelle Unterbelichtetheit, aber Angela Merkel zu unterschätzen, ist bereits vielen ihrer politischen Gegner zum Verhängnis geworden. Man ist allzu leicht geneigt, nicht ernst zu nehmen, was sie sagt.

Dem Denken in Großräumen tritt bei Angela Merkel ein unbedingtes Misstrauen gegen das Russland Putins zur Seite, das ebenfalls eine der wenigen Konstanten ihrer Politik ist. Angela Merkel verteidigt die europäischen Großrauminteressen mit Vehemenz vor dem russischen Zugriff. Dass Putin der Osterweiterung der EU mit der Annektierung der Krim einen Riegel vorgeschoben hat, dürfte Angela Merkel ungemein schmerzen. Umso wichtiger ist es ihr nun, die EU nach Süden auszudehnen und bis in den arabischen Bogen hinein einen Bund zu installieren. Vom europäischen Herzland über die Türkei und Damaskus bis nach Casablanca könnte der Großraum Europas in Zukunft reichen. Dazu ist eine religiöse Homogenisierung nötig und ein intensiver Austausch zwischen den Völkern, um die ersten Bande zwischen den zu überwindenden Staaten zu knüpfen.

Die Auflehnung einiger europäischer Länder gegen die ständigen Erweiterungspläne des europäischen Großraums werden inzwischen in einer beispiellosen Art, die dem europäischen Friedensprojekt so gar nicht gut zu Gesicht zu stehen scheint, desavouiert, und es ist nicht ohne historische Ironie, dass ebendiese Länder, die bereits ab 1938 die ersten Opfer eines europäischen Großraums unter deutscher Führung wurden, auch heute wieder die härtesten Verurteilungen zu erleiden haben: Polen, Ungarn, Tschechien, Österreich. Inzwischen sind es aber nicht mehr nur die Deutschen, die sich das moralische Rüstzeug zum Kampf umschnallen, sondern die gesamte europäische Elite von Martin Schulz über Jean-Claude Juncker und Donald Tusk bis zu Jean Asselborn. Das Bollwerk Europa kennt wenig Gnade, wenn es um die ideologische Verächtlichmachung von Abweichlern geht.

Im Jahr 2008 wurde in den Medien kolportiert, dass für Angela Merkel die Sicherheit Israels Teil der deutschen Staatsräson sei. Auch wenn sie diesen Satz so nie gesagt hat, so dürfte es doch in ihrem Interesse gelegen haben, dem jüdischen Staat die unbedingte Solidarität auszusprechen. Denn wenn es ein Land gibt, das unter einem Großraum Europa von Helsinki bis Casablanca unter die Räder kommen könnte, dann Israel.

Ein Europa, das mit den islamischen Ländern zusammenwächst, hätte wenig Spielraum für die Zusammenarbeit mit dem kleinen jüdischen Staat am Mittelmeer. Es war eine jüdische Wissenschaftlerin, die den Begriff von Eurabien als Schreckgespenst in die geostrategische Diskussion einführte. In ihrem 2010 erschienen Werk „L'Europe et le spectre du califat" (Dt.: Europa und das kommende Kalifat, 2013) beschreibt Gisèle Littman (Pseudonym: Bat Ye'or) recht detailgenau das europäische Projekt eines islamisch beeinflussten Europas, wie es seit Beginn der 70er Jahre des letzten Jahrhunderts vorangetrieben wird. Sie kommt zu dem Schluss, dass Eurabien ein Instrument zur Vernichtung des Staates Israel und der europäischen Juden sein soll.

Dafür, dass Eurabien ein europäisches Großraum-Projekt sein könnte, spricht einiges. Die Tatsache, dass dieses Projekt momentan nur in künstlerischer Weise – u.a. von Michel Houellebecq 2015 in seinem Werk „Unterwerfung" – verarbeitet werden kann, ohne gleich als islamophobe Verschwörungstheorie zu gelten, könnte ein Hinweis darauf sein, wie gründlich dieses Projekt aus dem politischen Diskurs verbannt werden soll. Dass die Tendenzen offensichtlich sind, ändert an dem Redeverbot nichts.

In seinem Roman „Unterwerfung" schildert Houellebecq die Dystopie einer nihilistischen und dekadenten Intelligenzija in Frankreich, die, um den Rechten vom Front National keinen Fingerbreit politische Mitsprache einzuräumen, die Machtübernahme durch einen islamischen Präsidenten unterstützt und nur zu bereitwillig die neuen islamischen Gesetze und Regeln anzunehmen bereit ist. Und siehe: so schlecht geht es der Intelligenzija mit Religionsübertritt und Vielehe gar nicht, man kann es sich schon gemütlich auch im Islam einrichten. Außerdem ist es ein erhebendes Gefühl, an dem Zukunftsprojekt Eurabien mitzuwirken.

Michel Houellebecq gibt eine recht eindeutige Antwort auf die Frage, wer in dem europäischen Kulturkampf zwischen Islam und Konservativen als Sieger hervorgehen wird. Aber so sicher und ausgemacht ist es ja nicht, auch wenn die Linke, die immer noch den Zeitgeist setzt, gegen den Islam nichts auszurichten weiß.

Nimmt man Eurabien die verschwörungstheoretische Spitze, so ist eine Zusammenarbeit zwischen einem prosperierenden Europa und einem aufstrebenden islamischen Raum bereits Realität.

Frieden, Rechtsstaatlichkeit und wirtschaftliche Prosperität sind in diesem südlichen Vorhof des alten Europa durchaus wünschenswerte Eigenschaften und in europäischem Interesse. Der Reichtum an Bodenschätzen und die Abhängigkeit des Westens vom Öl haben eh enge Verflechtungen geschaffen. Und selbstredend gibt es Geisteswissenschaftler, die im Projekt Eurabien die große Chance zu einer friedlichen Welt wittern. Der dem Antisemitismus nicht gänzlich unverdächtige Prof. Georg Meggle aus Leipzig beispielsweise hat ein kurzes Traktat verfasst, dem er den Titel „Meine Vision: EURABIA" gibt. Dort heißt es:*

„Europa und die arabischen Länder stehen vor dem gleichen Dilemma. Meine Vision: Beide Regionen entkommen diesem Krisen-Dilemma gemeinsam. (...) Europa und Arabien: Sie haben eine lange Geschichte gemeinsam. Beide sind durch die Geschichte der jeweiligen anderen Seite geprägt. Eine Geschichte blutiger Kriege; aber auch eine des Handels und Kultureller Blüte. Seit mehr als Tausend Jahren: Abstoßung und Anziehung zugleich: Wie es eben zwischen Brüdern so ist. Verstehen sich beide als Mitglieder derselben Familie, ist das Dilemma beseitigt. (...) Besinnung auf die gemeinsame Geschichte bedeutet nicht länger Abschottung, vielmehr Öffnung. Und diese Öffnung impliziert nicht länger Identitäten-Verlust, vielmehr deren Stärkung."

Diese etwas pathetische Vision des Herrn Meggle ist umso reizvoller, je deutlicher man sich vor Augen führt, dass die kommende Bevölkerungsexplosion sich vor allem südlich der Sahara ereignen wird, und ein altes und wehrloses Europa ohne

---

* uni-leipzig.de vom 4.2.2003

eine Puffer-Zone schlicht überrannt werden würde. Dass der islamische Bogen eine Puffer-Zone mit noch wehrhaften Jungmännern voll aufstrebendem Aggressionspotential darstellt, gleichzeitig aber bereits eine andere Zivilisationsstufe erreicht hat als weite Teile des afrikanischen Kontinents, könnte ja bedeuten, dass man die zukünftigen Kriege außerhalb des europäischen Herzlandes halten könnte. Bis zu seinem Tod hatte der libysche Diktator Ghaddafi sein Land mit großer europäischer Unterstützung als eine solche Pufferzone installiert.

Nun wusste bereits Goethes Faust, dass das Böse das Gute zur falschen Zeit ist. Ob der islamische Bogen bereits in der Lage ist, auf Augenhöhe mit Europa zu kooperieren, darf aus den Erfahrungen der letzten 25 Jahre bezweifelt werden. Und ob Europa wirklich achtsam und wehrhaft genug ist, islamisches Großmachtstreben, das in weiten Teilen von einem europäischen Kalifat träumt, dort zurückzuschlagen, wo dieses Streben die Errungenschaften der Aufklärung und der Freiheit zu vernichten droht, darf ebenfalls bezweifelt werden. Vor allem die Ideenlosigkeit und geistige Lähmung, die weite Teile der europäischen Eliten ergriffen hat, lässt eher den Schluss zu, Eurabien weiter voranzutreiben, könnte das Ende der europäischen Errungenschaften bedeuten. Das Beunruhigende an Michel Houellebecqs „Unterwerfung“ ist ja gerade, dass die sich selbst hassende und an sich selbst verzweifelnde linke Intelligenzija kein Problem damit hat, den islamischen Fundamentalismus als späte Sühne für die kolonialistische Schuld des Westens zu begrüßen und sich ihm anzubiedern.

Was auf jeden Fall notwendig erscheint: die Karten auf den Tisch zu legen und endlich einen offenen Diskurs über die zukünftige geostrategische Entwicklung Europas zu beginnen: Will es weiter ungehemmt wachsen oder will es sich selbst zu einer Festung umbauen, die u.U. die Preisgabe des europäischen Umfelds an Russland und China bedeuten würde.

Momentan erscheinen die östlichen Nachbarn Deutschlands zwar wie verhaltensauffällige, unflätige Kinder; sie könnten aber der Fels in der Brandung gegen die derzeit waltenden Großraumphantasien der europäischen Eliten sein. Dann aber muss die für die nahe Zukunft entscheidende Aufgabe Europas geklärt werden: Wie werden Grenzschließungen am nördlichen Mittelmeer durchgeführt, und wer kämpft die erwartbaren Kriege – auch wenn es Verteidigungskriege gegen das Eindringen von Millionen Wanderungswilligen sein sollten?

Wie lange solche Kriege von einem pazifistischen Europa wirklich durchzuhalten sind, steht dabei in den Sternen.

Anmerkungen

1) „Dunkeldeutsches Pack" setzt sich zusammen aus den Worten des damaligen Bundespräsidenten Joachim Gauck, der 2015 all jene, die nicht so „hell und leuchtend" in das Mantra der Bundesregierung einstimmten und an Bahnhöfen jubelten, als „Dunkeldeutschland" bezeichnete, und den Worten des damaligen SPD-Vorsitzenden und Vizekanzlers Sigmar Gabriel, der die Pöbler aus Heidenau – ebenfalls 2015 – als „Pack" beschimpfte. Der Vollständigkeit halber sollte erwähnt werden, dass zumindest Gabriel die Frauenmisshandler von Silvester 2015 „Arschlöcher" nannte. Für die Verrohung der Sitten sind immer andere zuständig.

2) Die ehemalige SPIEGEL-ONLINE-Kolumnistin Silke Burmester glaubte, die 2015 in Berlin abgehaltenen jüdischen Maccabi Games in guter deutscher linker Manier auf twitter zynisch kommentieren zu müssen, und ihr fiel nichts besseres als „Hakenkreuzweitwurf" ein. Als sie dafür zu Recht hart angegangen wurde, erwiderte sie mit der Erklärung, dass sie „nur gern eine Welt jenseits der Zuordnungen hätte", ergo die jüdischen Festspiele für überholt ansehe, weil das Jüdische noch als eine Zuordnung wahrgenommen werden will. Die letzte Utopie, die den Linken noch möglich ist, ist die einer „Welt jenseits der Zuordnungen". Ich halte diesen Begriff für passend und beispielhaft für das entgrenzte Denken, wie es die Linken pflegen.

3) Wie hoch die Kosten für die „Flüchtlingskrise" wirklich ausfallen, darüber streiten sich natürlich die Gelehrten. Fest steht: für 2016 beliefen sich die Kosten für die „Flüchtlingskrise", die die Bundesregierung bereitstellte, auf 21,7 Milliarden Euro. In diesem Betrag dürften die Ausgaben der Länder und Kommunen in gleicher Höhe noch nicht eingepreist sein. Der Freiburger Ökonom Prof. Bernd Raffelhüschen hat berechnet, dass eine Million Flüchtlinge den deutschen Staat per saldo und auf die Dauer 450 Mrd. Euro kosten würden, also 450 000 Euro pro Kopf. Dabei unterstellt er, dass sie nach sechs Jahren so integriert sein würden, wie es die bislang schon in Deutschland anwesenden Altmigranten im Durchschnitt sind. Raffelhüschen ist einer der wenigen Experten für das sogenannte Generational Accounting, über die Deutschland verfügt. Das Generational Accounting ist die einzige verlässliche Methode, um solche Effekte zu messen (vgl. Stiftung Soziale Marktwirtschaft 2015; Raffelhüschen

und Moog 2016).

4) Eine breit angelegte Studie der Freien Universität Berlin (Magreth Lünenborg, Simon Berghofer) kommt 2010 zu folgendem Ergebnis:

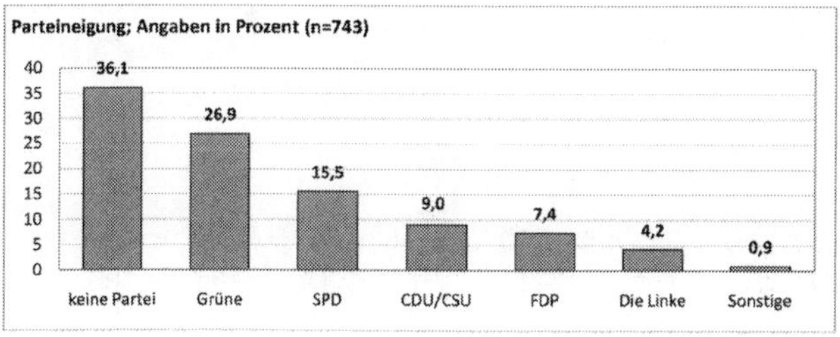

Abbildung 3: Parteineigung

Die Ergebnisse einer Studie aus 2005 (Journalismus in Deutschland, Siegfried Weischenberg u.a.) sehen nicht bedeutend anders aus:

⑪ Parteineigung der Journalisten

	Anteil in %
CDU	8,7
SPD	26,0
FDP	6,3
Bündnis 90/Die Grünen	35,5
PDS	0,8
Sonstige	3,2
ich neige keiner Partei zu	19,6
Gesamt	100,0

n = 1467.

Quelle: Studie „Journalismus in Deutschland 2005".

5) Drei junge Männer palästinensischer Herkunft verübten im Sommer 2014 einen Brandanschlag auf die Synagoge in Wuppertal und wurden zu Bewährungsstrafen verurteilt. Das Amtsgericht in Wuppertal begründete das niedrige Strafmaß mit der Feststellung, es gäbe „keine Anhaltspunkte für eine antisemitische Tat". Damit folgte das Gericht den Aussagen der Attentäter, die gestanden hatten, im Sommer 2014 Brandsätze auf die Synagoge geschleudert

zu haben, jedoch ebenfalls erklärt hatten, dass sie damit die Aufmerksamkeit auf den Gaza-Konflikt lenken wollten. Es gilt also: wenn ein Anschlag auf eine jüdische Einrichtung in Deutschland verübt wird, weil jemandem die Politik Israels nicht gefällt, dann ist das kein Judenhass, sondern Israelkritik, die etwas zu weit gegangen ist.

Oder: In der Nacht vom 1. auf den 2. August 2010 wurde der jüdische Friedhof in Aachen geschändet. Unbekannte schmierten über eine Fläche von vierzig Metern Hakenkreuze und die Parole „Freiheit für Palästina". Die Aachener Zeitung berichtete über diesen Vorfall, verschwieg in dem Internetartikel allerdings die Parole „Freiheit für Palästina". Auf Nachfrage von Schriftsteller und Schauspieler Gerd Buurmann bestätigte der zuständige Redakteur der Aachener Zeitung, dass er Kenntnis über die Parole hatte. Warum er dies dann nicht in seinem Artikel erwähnte, bleibt sein Geheimnis.

6) Die Grünen-Politikerin Katrin Göring-Eckardt prägte den Begriff einer „Kultur des Weniger" in einem Gastbeitrag für den Tagesspiegel 2011. Diese „Kultur des Weniger" ist das erklärte Ziel der Grünen, das in dem vom „Klimapapst" und Direktor des Potsdam-Institut für Klimafolgenforschung, Hans Joachim Schellnhuber, mitverfassten Werk „Welt im Wandel – Gesellschaftsvertrag für eine Große Transformation" seine theoretische Begründung findet. Dabei geht es am Ende darum, durch Zahlungen der Klimabilanz-negativen reichen Länder an die Klimabilanz-positiven armen Länder eine weltweite monetäre Umverteilung zu erreichen, die für die reichen Länder einem Morgenthau-Plan ähnelt, nämlich die Rückführung zu Agrargesellschaften, um den Klimawandel aufzuhalten.

Das Programm der Grünen und Umweltbewegten war noch nie nur der Umwelt- oder Naturschutz – wie man inzwischen an der flächendeckenden Überziehung der Landschaft mit Windrädern sieht –, sondern immer eine große gesellschaftliche Transformation, für die der Naturschutz problemlos dem Klimaschutz geopfert wurde, der sich als viel wirksameres Instrument entpuppt hat, um eine globale „Gerechtigkeitsspirale" in Gang zu setzen und „die Große Transformation" zu erreichen.

7) Ein wundervolles Beispiel für den Einsatz von Trigger-Begriffen mit stark eingeschränkter Sinnhaftigkeit bietet die Dankesrede Carolin Emckes zur Verleihung des Friedenspreises des Deutschen Buchhandels:

„Das ist es eben, was die Fanatiker und Populisten der Reinheit wollen: sie wollen uns die analytische Offenheit und Einfühlung in die Vielfalt nehmen. Sie wollen all die Gleichzeitigkeiten von Bezügen, die uns gehören und in die wir gehören, dieses Miteinander und Durcheinander aus Religionen, Herkünften, Praktiken und Gewohnheiten, Körperlichkeiten und Sexualitäten vereinheitlichen.(...)

Wir dürfen uns nicht wehrlos und sprachlos machen lassen. Wir können sprechen und handeln. Wir können die Verantwortung auf uns nehmen. Und das heißt: Wir können sprechend und handelnd eingreifen in diese sich zunehmend verrohende Welt.

Dazu braucht es nur Vertrauen in das, was uns Menschen auszeichnet: die Begabung zum Anfangen. Wir können hinausgehen und etwas unterbrechen. Wir können neu geboren werden, in dem wir uns einschalten in die Welt. Wir können das, was uns hinterlassen wurde, befragen, ob es gerecht genug war, wir können das, was uns gegeben ist, abklopfen, ob es taugt, ob es inklusiv und frei genug ist – oder nicht.

Wir können immer wieder anfangen, als Individuen, aber auch als Gesellschaft. Wir können die Verkrustungen wieder aufbrechen, die Strukturen, die uns beengen oder unterdrücken, auflösen, wir können austreten und miteinander suchen nach neuen, anderen Formen."

undsoweiterundsofort

Jenseits der ästhetischen Frage, ob es sich hier um Kitsch handelt, ist die Redundanz der unscharfen, fibelhaften Beschwörungsformeln unverkennbar. Konkrete Probleme, Interessenkonflikte und Widersprüche kommen nicht vor. Eine Ansammlung zeitloser Kalenderweisheiten aus dem Arsenal der Weihnachtsansprache. Es zählt das gute Gefühl – der fortgeschrittene Zustand einer politischen Selbsthypnose. Vom Verstehen der „wahren Verhältnisse", von der „Arbeit am Begriff" ist keine Rede mehr. Aus dem Protest ist die Predigt geworden.

8) Die vorliegenden Zahlen des BAMF (Bundesamt für Migration und Flüchtlinge, Aktuelle Zahlen zu Asyl, Februar 2017) gehen für die Jahre 2015 und 2016 von ca. 1,2 Millionen Asylantragstellern aus (wobei die Dunkelziffer derjenigen, die sich in Deutschland befinden, ohne bei den Behörden vorstellig geworden zu sein, mit 200.000 bis 300.000 geschätzt wird).

Von den 1,2 Millionen Asylantragstellern wurden insgesamt weniger als 43% als Konventionsflüchtling nach der Genfer Flüchtlingskonvention (sogenanntes „kleines Asyl") anerkannt. Hinzu kommen nochmals ca. 11%, die subsidären Schutz in Deutschland genießen. Die Anerkennungsquote als Asylberechtigter („großes Asyl") nach dem im Grundgesetz festgeschriebenen Recht auf Asyl (§16) ist dagegen verschwindend gering (unter 1%).

9) Aus den Polizei-Protokollen der Silvesternacht 2015 in Köln geht hervor, dass beim Zugriff der Polizei einige junge Männer feixten: „Ich bin Syrer, ihr müsst mich freundlich behandeln! Frau Merkel hat mich eingeladen." (DIE WELT vom 7.1.2016)

„Asylbewerber haben sich im sächsischen Waldenburg geweigert, gemeinnützige Arbeit zu leisten, weil sie Gäste von Bundeskanzlerin Angela Merkel (CDU) seien. Das berichtet der Bürgermeister der Stadt, Bernd Pohlers (Freie Wähler), im Amtsblatt." Junge Freiheit vom 16.8.2016

Als die Zustände im September 2015 im Berliner Lageso sich immer unerträglicher gestalteten, meinten die wartenden Menschen: „Mama Merkel hat uns eingeladen. Sie wird für uns sorgen." (Berliner Morgenpost vom 19.9.2015)

Ganz so falsch liegen die Zuwanderer ja auch nicht: „Die Landespolizei in Schleswig-Holstein ist nach einer internen Anordnung dazu angehalten, Verstöße gegen das Aufenthaltsrecht von syrischen und irakischen Flüchtlingen zu ignorieren. Das Papier vom 23. Dezember stützt sich auf eine angebliche Einladung von Bundeskanzlerin Angela Merkel an Flüchtlinge aus diesen Ländern.

Das Landespolizeiamt erklärte laut dem NDR, Hintergrund seien eine Absprache zwischen Merkel und ihrem österreichischen Amtskollegen Werner Faymann vom vergangenen September. Die Abmachung lautet, Flüchtlinge ungehindert und voraussetzungslos die deutsch-österreichische Grenze passieren zu lassen." focus.de vom 22.1.2016

10) Von den 1,2 Millionen Asylantragstellern in den Jahren 2015 und 2016 kamen insgesamt 425.000 aus Syrien, das sind 35% (Bundesamt für Migration und Flüchtlinge, Asylgeschäftsstatistik, Dezember 2016).

11) Die Kriminalitätszahlen, die Deutschland seit der Flüchtlingskrise erntet, sind dann doch dramatisch. Noch ist die bundesweite Statistik des BKA nicht veröffentlicht, aber von den bereits herausgegebenen Zahlen lässt zumindest folgende bereits das Ausmaß erahnen: Insgesamt wurden in Deutschland 82 Menschen durch Zuwanderer vom Leben zum Tode befördert („vollendete Tötungsdelikte"). Zwei Drittel der Straftaten gegen das Leben machen Zuwanderer unter sich aus, was im Umkehrschluss bedeutet, dass in 2016 mehr als 25 Deutsche von Zuwanderern getötet wurden (DIE WELT vom 7.4.2017).

Seit Jahren haben sich die Zahlen für „vollendete Tötungsdelikte" in Deutschland bei ca. 300 Opfern eingependelt. Ein Anstieg um mehr als 80 Delikte lässt die Vermutung zu, dass die ca. 2% Zuwanderer, die 2015/16 nach Deutschland kamen, zu einem Anstieg vollendeter Tötungsdelikte um fast 30% beitrugen.

Als „Zuwanderer" definiert der Lagebericht des BKA Asylbewerber, anerkannte Flüchtlinge, Ausländer mit Duldung und Menschen ohne Aufenthaltsrecht. Ausländerspezifische Delikte wie Verstöße gegen das Aufenthaltsrecht werden in den offiziellen Statistiken nicht berücksichtigt.

Die Kriminalitätsstatistiken, die in den einzelnen Bundesländern erstellt wurden und die in die bundesweite Gesamtstatistik einfließen, zeigen ebenfalls einen deutlichen Trend. Für Nordrhein-Westfalen 2016 gilt: „Das Risiko, Opfer einer schweren Straftat zu werden, ist erstmals seit Jahren gestiegen. Die Zahl der Morde stieg um 8,7 Prozent auf 113 Fälle. Die Zahl der Totschlagstaten sogar um 12,1 Prozent auf 259 Fälle." – Hier gilt: die Zahlen erfassen die versuchten wie die vollendeten Taten – „Die Zahl der Sexualstraftaten habe um 5,4 Prozent auf 10.376 zugenommen. Darunter sei die Zahl der schweren Sexualverbrechen, der Vergewaltigungen und besonders schweren sexuellen Nötigungen, sogar um 24,9 Prozent gestiegen." (RP-Online vom 6.3.2017). Insgesamt gilt: „Von fast 476.000 Tatverdächtigen seien knapp 48.000 Zuwanderer – also gut zehn Prozent" (ebenda). Das ist bei einem Anteil an der Gesamtbevölkerung von weniger als 2% schon eine deutliche Ansage.

Dass NRW damit nicht alleine ist, zeigen auch die bisher unveröffentlichten Zahlen aus Berlin: Aus der Antwort auf eine Anfrage des FDP-Abgeordneten Marcel Luthe bezüglich der Kriminalität von Zuwanderern „geht hervor, dass die Polizei 2016 in Berlin 9614 Verdächtige registrierte, die als sogenannte Zuwanderer definiert wurden: Asylbewerber, Kriegsflüchtlinge und Menschen im Duldungsstatus. Demgegenüber stehen insgesamt knapp 70.000 registrierte Flüchtlinge. Rechnerisch wurden also rund 13 Prozent der Flüchtlinge als Verdächtige erfasst. Für in Berlin gemeldete deutsche Staatsangehörige liegt die Zahl bei knapp 3 Prozent.“ (BZ Berlin vom 2.2.2017)

Markus Vahlefeld, 1966 in Hong Kong geboren, Deutsch-Brite, aufgewachsen in Hamburg, Abitur in Washington, D.C., Studium der Philosophie in Bonn, Berlin und Barcelona, Gründer und Geschäftsführer einer Privatschule, dann Wechsel in die Filmproduktion, zuletzt in der Geschäftsführung der hr-Tochter Taunusfilm in Wiesbaden.

Seit 2003 selbständig als Produzent und Autor mit dem Schwerpunkt Wein & Genuss. Markus Vahlefeld ist ständiger Autor auf der Achse des Guten (achgut.com). Er ist verheiratet, lebt in Köln und arbeitet in einem kleinen Weindorf im Rheinhessischen.

18938796R00137

Printed in Poland
by Amazon Fulfillment
Poland Sp. z o.o., Wrocław